清代史事軼聞

《悔逸齋筆乘》與《名人軼事》合刊

李岳瑞、佚 名 原著
蔡登山 主編

導讀　李岳瑞和他的掌故著作

蔡登山

李岳瑞（一八六二－一九二七），字孟符，號春冰，別號春冰室主。陝西咸陽庇李村人。父親李寅為翰林院編修，學識過人，有志經世。外祖父劉湘甫（樹森）則為咸豐朝名士。李岳瑞自幼聰敏，十歲時尤其父請劉光蕡（古愚）來家教授。其家本為富紳，多有藏書，故其童年，即博覽群書，下筆浩浩如潮海。十六歲時父親去世。後從其師就讀於三原。光緒八年（一八八二）鄉試中式，時年二十歲。次年成進士，改庶吉士，授工部主事，遷屯田員外郎兼充總理各國事務衙門章京，辦鐵路礦務事。

李岳瑞年輕時飽讀經史，略通天文、地理和數學，時常留心國內外大事。光緒十六年（一八九〇），他曾撰文主張中國擬練師船（即海軍），希望以此收回中國喪失的各項經濟權利，並借此保衛祖國的萬里海疆。他指出，面對西方列強的侵略，中國必須加強海防，而有效的辦法就是「師夷之長技以制夷」。這種向西方學習，以反抗外來侵略勢力的主張，無疑與魏源是一脈相承的。

光緒二十一年（一八九五）《馬關條約》簽訂後，李岳瑞以實際行動參與了「公車上書」，並起了重要的作用。他還把梁啟超介紹給了他的老師陝西維新派領袖劉光蕡。此後，劉、梁二人多次通信，互相切磋，交流思想，使得康、梁的維新思想對陝西的維新活動產生了重大影響。光緒二十二年（一八九六）維新派黃遵憲、汪康年等人在上海創辦了《時務報》。該報大力宣傳維新派的變法主張，鼓吹救亡圖存。李岳瑞在北京主動承擔了為《時務報》募收捐款的工作，並積極協助報館推銷報紙，為宣傳維新變法做出了重要貢獻。

光緒二十四年（戊戌）夏，光緒皇帝接受變法主張，在戊戌變法中，李岳瑞積極參與變法活動，他常常利用自己在總理衙門擔任章京一職的便利條件，把有關變法的機密情報透露給在天津辦《國聞報》的嚴復，藉以傳播維新派的各項主張和活動情況，擴大對維新變法的宣傳。在變法期間，李岳瑞始終與康有為、梁啟超等保持極為密切的聯繫，時常往來於光緒皇帝與維新志士之間，成為兩者的聯繫管道外，還積極條陳新政事宜，直接參與變法維新。他曾向光緒皇帝上奏，請求廢除三跪九叩等繁文縟節，裁汰各官僚機構中的冗官冗員，撤除或合併翰林院、詹事府等閒散衙門，精簡中樞重疊的辦事機構。還奏請「易服制」，即建議以西服取代長袍馬褂。光緒皇帝看到此一奏章後，肯定了他的建議，並準備祕密派遣中國使臣到西方國家購買五百襲西服。當時慈禧太后得知後，氣得拍案大罵：「小子以天下為玩弄，老婦無死所矣！」頑固派聞訊，紛紛咒罵他是「漢奸」，說他企圖「用夷變夏」，斥責他違背祖宗成法。

當李岳瑞得知后黨頑固派調兵遣將、準備扼殺維新變法的消息時，急忙向康有為等人告警，示意他們注意防範。光緒二十四年八月初六（一八九八年九月廿一日），以慈禧太后為首的頑固勢力發動政變，光緒皇帝被幽禁，譚嗣同等六人被殺害，康有為、梁啟超逃亡日本，變法運動遭到失敗。李岳瑞聞知政變消息後，急忙通知宋伯魯和其他維新人士從京師逃走，自己則躲入義大利駐北京公使館避難。他身藏一盒鴉片，隨時準備在萬一被捕時吞服自盡。由於外國公使出面干預，李岳瑞得免殺身之禍，但八月廿三日（十月八日），清廷降旨：「李岳瑞，陝西省人，工部員外郎、總理衙門章京兼辦鐵路礦務事，上書請變服制、用客卿（指推舉維新人士），今革職，永不敘用。」李岳瑞隨即離京回籍，從此不問政事。

光緒三十一年（一九〇五），李岳瑞應張元濟邀請，前往上海，任商務印書館編輯，並曾與梁啟超合著《中國六大政治家》一書。辛亥革命後，李岳瑞受北京政府約請，赴京任清史館編修。一九二二年回到西安，名義上是陝西省府秘書長及督署秘書，充當陳樹藩顧問，實際上無所事事。由於政治上失意，晚年意志消沉，又染上了鴉片煙癮，故只是在家讀書，無甚建樹。一九二七年，李岳瑞因病去世。有《春冰室野乘》、《說元室筆乘》、《悔逸齋筆乘》及《評注國史讀本》行世。其中以《春冰室野乘》最為有名。此書原發表於宣統年間之《國風報》。宣統三年（一九一一）六月，由廣智書局單刊，一卷，書尾署「《春冰室野乘》卷一終」，此書至一九二九年，已再版六次，可見風行一時之盛況。

《春冰室野乘》是李岳瑞最負盛名的掌故著作，其所記之事，屢為民國年間史書及筆記所徵引，他是以史家筆法來撰寫筆記的，其述事之精鍊，評語之精當，可謂此中之翹楚。全書凡一百四十三則，記事廣泛，大致可分為三類：一、宮廷內幕、官場百態；二、文人軼事，藝林佳話；三、風情世態、俠客行蹤。其中述及宮廷秘聞內幕，資料性及可讀性都是很強的。如他居然找到當年審訊和珅的供詞，提供我們一手的資料。他說：「宣統庚戌秋，北遊京師，從友人某樞密處，獲睹嘉慶初故相和珅供詞。用奏摺楷書，猶是進呈舊物。惜僅存四紙，不過全案中千百之一。其訊與供亦多不相應，蓋又非一日事矣。尋而存之，以見當時獄事之梗概。」

而道光之所以能夠取得皇位，據說和他的神勇是分不開的，特別是在林清之變中，更是給嘉慶帝留下了深刻的印象。《春冰室野乘》上卷裡說，道光八歲的時候，就跟著爺爺乾隆帝去木蘭圍場打獵。一行人走到張家灣的時候，乾隆帝命令各王比試射箭，小道光則待在旁邊觀看，等各王射完後，他也躍躍欲試，拿了把特製的小弓箭射了幾下，結果還真射中了二箭。乾隆帝看後大樂，撫摸著小道光的頭說：「乖寶貝，你要是能連中三矢，我就賞給你黃馬褂穿。」小道光隨後再接再厲，還真就射中了第三箭，於是他便跪上前討賞，乾隆帝問他想要什麼，小道光既不說話也不起來。乾隆帝大笑，說：「好了，我知道了。」於是命侍臣立刻取黃馬褂來，手下的人看只有成人的黃馬褂，倉卒間找不到小號的，只好給他一件大的黃馬褂套上。由於衣服實在太長太大，小道光穿上後都沒法走路，最後只好由侍衛抱了回去。

又據《春冰室野乘》記載，有一天，道光帝突然想吃「片兒湯」，這是一種最普通的民間麵食，於是派太監去御膳房傳旨，不料廚師卻以「不會做」一口回絕。道光帝沒吃上片兒湯並沒當回事兒，不料第二天早上，內務府大臣求見，說有重要事情請示，道光帝召見詢問，原來是內務府奏請增設專製「片兒湯膳房」一所，提出了近萬兩白銀的開辦費。道光帝說，民間一碗片兒湯不過四十文制錢，讓太監去買就是了，何必增設專門的膳房。

內務府大臣由皇帝的親信擔任，他們常常上下其手趁機漁利。《春冰室野乘》還說，有一天早朝完畢，乾隆隨口問了大臣汪由敦一句：「你天還沒亮就趕著上朝，在家裡吃過早點沒有？」汪由敦回答說吃過。皇上問他吃了什麼。汪由敦回答說：「我家裡窮，每天早餐只吃四個雞蛋。」乾隆聽了大吃一驚說：「雞蛋一個需要十兩銀子呢，四個就是四十兩銀子，我都不敢這麼隨便吃，你一頓早餐就吃四個雞蛋，還敢說自己窮？」汪由敦當然知道是怎麼回事，只好應付說：「外面市上賣的雞蛋都是破了殼的，是不能給皇上吃的，所以比較便宜，我買的就是這種雞蛋，一個只要幾文錢。」汪由敦敷衍皇上，那是因為他知道有些話是不該他說的。皇上的膳食歸內務府管，內務府的事是皇上家裡的私事，也只有皇上能管，其他人是沒有資格多嘴的，所以他只好敷衍皇上。不過，一個雞蛋市面上不過是幾文錢，而內務府報給皇上的價錢居然是十兩銀子，這也未免太離譜了。

「楊乃武小白菜冤案」是所謂「清末四大奇案」之一。近人日記、筆記中很多都談到了此案，如《翁同龢日記》、《清代野記》等，《春冰室野乘》也有記載。當然後來黃濬所著《花隨人聖庵摭憶》一書更廣為蒐羅公私記錄，並有考辨，楊案真相灼然可見。而歷史小說家高陽更寫成長篇歷史小說《楊乃武與小白菜》，而後更拍成電視連續劇，一時間家喻戶曉。「楊乃武與小白菜案」發生在晚清同治末年到光緒初年之間，但其實此案終結後不久還發生過一樁「王樹汶案」，該案除了沒有男女情事外，其案情發展的紛繁複雜和羅案者的冤深似海，都比「楊乃武與小白菜案」，有過之而無不及。《春冰室野乘》中有專門記述了該案的大概始末，讀來很是令人驚心動魄。「王樹汶案」與「楊乃武與小白菜案」的共同之點在於案件發展的一波三折、紛繁複雜完全是由官員們的枉法造成的。那些參與審案的各級官員並非對案情沒有疑問，許多人甚至明知案情有冤，但有的收受賄賂，有的一心考慮自己的官位仕途，因而一個個成了加害無辜的幫兇，加上那種行政、司法集於一身的體制，就使不良官員能夠為所欲為。

在電視劇《雍正王朝》中，鄔思道是康熙皇四子（後來是雍正皇帝）身邊那位不動聲色、盡算先機的極有分量的人，腿瘸，走路拄拐棍，被皇四子尊稱為「鄔先生」。他在康熙三十六年曾以舉人身分參加應天府會試，期間率領五百考生大鬧貢院，觸犯國法，被康熙鎮壓收容了十多年，幸蒙皇四子相救，最後成為其府邸高級幕僚，潛心參謀政務十年。他雖未像諸葛孔明那樣羽扇綸巾，但卻有足不出戶便洞明天下事態、人心善惡之智，僅憑風聲耳報就能洞穿錯綜複雜的朝野局勢，建言獻策，一語中的，在皇四子走向雍正皇帝的坎坷道路上竭忠盡智，居功至偉。大功告成後又不貪戀富貴榮華，急流勇退，半隱江湖，既有散仙逍遙自在之樂，又無達官遭疑召禍之憂，常在國家危難之時挺身而出，挽狂瀾於既倒，神龍現首，點到即退。其超人才智不亞於春秋范蠡、漢代張良、東方朔、明朝劉伯溫。

《春冰室野乘》裡記載，鄔思道自幼好讀書，科舉不得意，當時的巡撫田文鏡慕名聘請鄔先生入幕，承辦一件棘手的案件。盛名之下，果然與眾不同，案子上報北京刑部順利通過。這樣漸漸取得田文鏡的信任。一日，鄔先生對田文鏡說：「君願為名督撫，抑或庸碌督撫。」田文鏡答，當然想做名督撫了。鄔先生就說，「既然你想做名督撫，就得聽任我替你辦一件事，此事你卻不可掣肘。」田文鏡就問是什麼事，鄔先生就說：「我替你準備了一篇上皇上的奏章，如果這道奏章送上去，君的大業便可成。只是此奏章內容你一字也不能看，不知你能不能信任我」。田文鏡與鄔先生相處了一段較長的時間，深知鄔先生有膽有謀，於是慨然答應了。原來這篇奏章的內容是彈劾隆科多的，隆科多是雍正的娘舅，官居大學士，隆科多倚擁戴之功，常做越禮違法之事，雍正這時已對他非常厭惡，正想清除他而苦於無從下手，因滿朝文武雖知隆科多不法，但懾於其權勢，無人敢揭發。鄔先生摸透了雍正的心理，所以敢做這件別人不敢做的事。雍正看了奏摺，正求之不得，立即發交六部核議，辦了隆科多的罪。從此，雍正對田文鏡寵遇日隆，而鄔先生也聲名遠播了。鄔思道為田文鏡府幕，聲名日重，後來連雍正都知道了。有次田文鏡上一道請安的摺子，雍正批道：「朕安，鄔先生安否？」田文鏡死後（雍正十年），各地督撫紛紛以重金聘請鄔師爺，可這位鄔師爺卻失踪了。後來有人在北京看見他，原來他已入宮替雍正皇帝辦事了。

在晚清人物中，若以才識之卓越、仕途之坎坷、死事之壯烈而言，當推張蔭桓。張蔭桓（一八三七—一九〇〇），字樵野，廣東南海人。對於他，人們眾說紛紜，但都承認他是個天分很高的人。首先他文才出眾。他出使多年，不僅漢語出色，英語水準也相當優秀。曾在他手下做事的李岳瑞在《春冰室野乘》中說「駢散文皆能卓然成家，餘力作畫，亦超逸絕塵，真奇才也」。學術大師錢鍾書也說：「張蔭桓的詩和駢文，都不愧名家。」其次是放眼世界的觀念。張蔭桓從年輕時開始研究洋務，遍游南北美洲和歐洲各國。回國後他聘請美國人林餘等編譯《西學富強叢書》兩百餘卷，詳細介紹西方數學、化學、天學、地學、礦冶工程、兵學、史學、法學等西方科學知識。這不是一個普通的清朝官吏所為，而是瞭解外部世界，開啟民智，振興國家的大手筆，有著卓越的貢獻。戊戌變法失敗，慈禧重行垂簾，大拏新黨的當口，張蔭桓以「莫名所以」的罪名，流放新疆。兩年後，庚子拳匪之亂，卻又被矯詔（或者是密詔）處死。朝旨不宣其罪而亂命殺人，且戮之唯恐不速。其獲何罪，需斷首新疆，史書中似乎找不出確切的原因。從流放導致處死，在滿清三百餘年的歷史上都是罕見的一例。

陶無夢〈詠佛照樓〉詩云：「天半燈搖紫電流，玲瓏殿閣仿歐洲。卻因西人一炬火，化出繁華佛照樓。」此詩載於《春冰室野乘》，詩下注云：「佛照樓即儀鑾殿舊址。殿毀於庚子之亂，回鑾後重修，費帑五百餘萬，改用西式，賜名佛照樓。」庚子之亂，清政府賠付列強軍費四萬五千萬兩白銀，國庫空虛，百業凋敝，老佛爺卻興致不減，「費帑五百餘萬」，興建了玲瓏殿閣佛照樓！雖然「五百餘萬」這個數字不無誇張的成份，但所費不菲，定然無疑。老佛爺這樣做也許是在爭臉面吧，你們不是燒了嗎？瞧瞧，又建起來了，不但建起來了，而且還是西式的呢，你們洋鬼子糟蹋了我的寢宮，我就建一座西式的也來嘗嘗鮮！嗚呼，陶無夢「繁華」二字，令人傷心！

《悔逸齋筆乘》可視為《春冰室野乘》的續篇，有三十五則，談到許多晚清官場人物的軼事，如李鴻章、董福祥、馮子材等等。而由於作者李岳瑞在光緒年間在總理衙門擔任章京一職，因此舉凡政治、軍事、社會、科舉、外交，甚至宮闈秘聞，都所知悉。另外本書還涉及一些典章考據及詩賦創作等掌故之類，可補正史之不足。

又有關慈禧與肅順關係不佳的事，清末不少人都談到，而《悔逸齋筆乘》說咸豐十年（一八六〇）七月，英法聯軍進犯，咸豐帝「北狩」熱河（今河北省承德市），得宮中一車以行。在逃難的路上，后妃們乘民間雇來的車輛，「車既敝舊，騾尤羸瘠，且急驅兼程，乘者不勝其苦。」慈禧想叫肅順為她換一輛較好的車子，肅順只漫應了一聲：「中途安所得車？俟前站再議可也。」可是到了下一站，肅順並無動作，慈禧再要他換車，他卻回答說：「危難中那比承平時，且此間何處求新車，得舊者已厚幸矣。爾不觀中宮（按：皇后）亦雇街車，其羸敝亦與爾車等耳。爾何人，乃思駕中宮上耶？」肅順不但臉色不好看，說完就策馬走人了。慈禧「雖不敢言，然由是深銜肅」。次年，咸豐帝臨終前指派肅順為顧命八大臣之一，但兩宮太后卻會同恭親王奕訢發動祺祥之變，九月，肅順被拘捕，斬首於菜市口。

《悔逸齋筆乘》裡最有趣的莫過於吳漢槎（兆騫）晚年困頓。吳兆騫因丁酉南闈案順治十六年流放寧古塔（位於今黑龍江省牡丹江市海林市長汀鎮古城村），後因顧貞觀、納蘭容若憑著明珠和徐乾學之力到康熙二十年方才贖罪入關，前後共二十三年。方其出關時僅廿七歲，而被赦還回京時，年已年半百。這位江南名士一生最美好的歲月，竟就這樣在冰天雪地中給磋跎了。這二十三年一去一回引多少騷客折腰，顧貞觀的〈金縷曲〉自不待說，大詩人吳偉業（梅村）也寫了〈悲歌贈吳季子〉，其中描述了吳兆騫在寧古塔悲慘的生活場景：「白骨皚皚經戰壘，黑河無船渡者幾？前憂猛虎後蒼兕，土穴偷生若螻蟻。大魚如山不見尾，張鬐為風沫為雨。日月倒行入海底，白晝相逢半人鬼。」。但吳梅村並沒到過寧古塔，其描述完全是個人想像。《悔逸齋筆乘》說：「然漢槎在寧古塔時，歷任將軍，大抵皆慕其才華，延為上賓，飛書草檄，縱情詩酒，與在內地無殊。東省讀書人少，漢槎至，則官吏子弟及土人之志在科第者，皆就之執經問業，脩脯豐腴，養生之具，賴以無缺。」等到他晚年回到江南時，卻是百無聊賴，日為饑驅，又素習塞外風土，江南溽熱反受其苦。最後致肺疾而終。臨歿時，語其子曰：「吾欲與汝射雉白山之麓，釣尺鯉松花江，挈歸供饌，手採庭下籬邊新蘑菰，付汝母作羹，以佐晚餐，豈可得耶？」味其詞意，蓋轉不忘塞外之樂。而眾人好心好意將他救回來，其結果是否反而害了他，實耐人玩味。

《悔逸齋筆乘》中提到乾隆御製、四庫館臣校訂的武英殿版《二十四史》。李岳瑞說：「曩讀武英殿本《二十四史》，惟《史》、《漢》、《國志》校勘無愧精審，《晉書》以次，則訛字不可枚舉。」這是四庫館臣的疏忽嗎？不是。這是四庫館臣、內府官員、太監共同表演的取悅皇帝的「默劇」——故意留下些容易看出的錯誤，等待喜歡校書的乾隆看到後標出，再對館臣的「不學」降旨申斥，從而「龍心大悅」，覺得自己的學問也在「皆海內一流，一時博雅之彥」的四庫館臣之上。「然上雖喜校書，不過偶爾批閱，初非逐字讎校，且久而益厭。每樣本進呈，並不開視，輒以朱筆大書校過無誤，照本發印。司事者雖明知其訛誤，亦不敢擅行改刊矣。」這就造成《晉書》以次，錯字百出的主要原因。

《悔逸齋筆乘》曾於一九八八年被巴蜀書社收入《清代野史》叢書的第七輯中，此次與同樣講述清代軼聞的《名人軼事》合併出版，並重新打字排版，點校、分段重新整理，以「清代史事軼聞——《悔逸齋筆乘》與《名人軼事》合刊」名稱出版，特此說明。

清代史事軼聞 14

目次

名人軼事／佚名

第一卷

第四卷

悔逸齋筆乘

李岳瑞

李文忠軼事

霍邱裴伯謙明府景福，由翰林出宰粵東，健吏也。以忤西林被劾，戍新疆，後蒙赦歸。嘗述文忠軼事，有足資談助者。裴之由庶常改官也，過天津，謁文忠。甫就座，文忠倨身揚聲問曰：「汝欲刮廣東地皮耶？」言已大笑。及己亥冬，文忠出鎮廣州，裴方令南海，謁見文忠。問曰：「君再任首邑，政將奚先？」裴抗聲對曰：「先刮南海地皮耳。」文忠笑曰：「十年前一語，至今尚不能忘耶？」徐又曰：「汝言甚是，地皮須刮得淨，亦是地方之福。」皖北人呼土匪為地皮，粵故多匪，南海尤甚。文忠治粵，首重捕匪，故以是為勖也。一日，文忠檄撤隆慶汛把總陳某，裴極言某緝匪得力狀，請勿撤，文忠不可。裴爭之愈力，文忠怫然曰：「總督之力，不能撤換一把總乎？」裴亦正色曰：「果能賞罰之平，誅之可也，豈但撤換？」語畢，遽興辭趨出。文忠亟起，親至簾外，以杖招裴返曰：「好好商量，何至動氣。」裴始入謝過，而陳某卒不撤。

庚子六月，文忠奉命入都議和。是月二十一日，自廣州登舟，裴往送之。他官皆不見，獨以鄉里後進召裴入。時炎熱甚，文忠衣藍絺短衫，著魯風履，倚一小藤榻。坐定，語曰：「廣州斗大城中，緩急可恃者幾人？爾取信於民，此正可有為，為地方弭患。督撫誠不若一州縣也，能遏內亂，何至召外侮？爾其勉之矣。」先是，五月十九日，總稅務司赫德以電告急，略言都中事。

文忠即致電榮祿，力言外釁不可開，拳黨不可信，語頗忤榮意，自此電遂絕。僅日接項城山東來電，藉知京中消息而已。時則沙面洋商相率赴香港避亂，又亟添一營保護沙面。命裘及廣州協往晤各國領事，告以力任保護，赴香港者逡巡復返省。

未幾，忽奉入都之命，粵中人心又為一震。裘因進言曰：「內亂為外侮之媒，東南之安危，視乎上海；上海之安危，視乎香港；香港之安危，視乎廣州；廣州之安危，則視乎沙面。領事洋商聚集於此，而匪人日思暴動，以沙面為發難之基。沙面不保，香港受其牽動，東南大局，不可問矣。某既為地方官，自當與共存亡。公過港時，盍將此意告知港督，同心協力，以保東南危局？」文忠曰：「我雖離粵督任，然缺尚未開。若有大事，仍當與靜山一力主持。」靜山者，巡撫德壽字也。裘曰：「公已調補北洋矣，諸領事今晨已得電，皆額手相慶也。」文忠忽拈髯自語曰：「當今之世，捨我其誰？」已而又曰：「百足之蟲，死而不僵。京師難作，根本雖已搖動，然慰亭據扗山東，香濤峴莊皆有定識，必聯絡保全，不至一蹶不振。以各國兵力論之，京師危急，當在八、九月之交。但聶功亭以陣亡，馬宋軍零落，牽制必不得力。日本調兵最速，英人助之，恐七、八月已不保矣。」語至此，潸然淚下，曰：「內亂如何得止？」良久無他語。裘將辭出，文忠止之曰：「潮尚未至，且勿忙。」乃自飲牛乳，而命以荷蘭水餉客。裘復啟曰：「萬一都城不守，公入京當如何辦法？」曰：「必有三大問題，剿拳匪以示威，懲罪魁以泄忿，先以此二者要我，而後注重兵費償款，此勢所必至也。兵費賠款之數目多寡，此時尚不能預料，惟有極力磋磨，展緩年分，尚不知作得到否？我已垂老，尚能活幾年。總之，當一日和尚撞一日鐘。鐘不鳴了，和尚亦死了。」一語次涕下如綆縻矣。裴亦愴然，遂辭出。文忠尚命取影像為贈，送至艙口，仍執手再三囑曰：「地方要緊。」裴唯唯登岸，而安平船遂起碇去。德壽故庸呆，然不肯自用，始終守文忠訓，不敢妄有更張。故文忠雖去，而粵東卒獲無事，非他滿督撫所及。

熊襄愍死事異聞

東莞袁督師之冤死，由清太宗用間，其事人人知之。讀會稽泰顓先生大來《稱陽雜錄》，乃知熊襄愍之死，亦魏閹受清賂所為。蓋襄愍下獄，先生之族父字集公者，方有錦衣經歷，故知之甚確也。云襄愍下獄後，日以囊布繫頸，向空而拜。提牢官詢其故，則曰：「囊中貯謝恩表，故望闕百拜，冀上達天聽也。」提牢官曰：「囚安得復上表？」襄愍曰：「此趙高語也。」臨刑日，夜半取以出，曰：「有旨處決。」曰：「已知之，」顏色陽陽如平常。至刑部堂上，為設酒食，不食。火炬中擁之行，至西市戮之，聲如斫木革然。再視之，乃獄中所枕長枕也，而襄愍已不知所在矣。監刑者皇急無措，急詣魏閹言之。忠賢憮然曰：「吾曩聞此公有異術，尚未之信，今果然。然斷不可聲言，事洩將何以對東國？」急取獄囚貌似者戮之，而傳首九邊。

又蕭山范蘅洲先生《古趣亭集》中，有〈碧波潭馬氏夫婦雙修記〉一篇，中有引泰顓先生語，謂康熙中，碧波潭庵僧某，一日告馬將赴海寧謁經略。碧波距海寧二百里而遙，僧平旦啟行，及暮歸，日猶未落，往返已四百餘矣。馬疑其妄，檢行橐，則有經略手書及海寧土物數事在焉，乃知僧果異人，聆其言，乃熊襄愍部將者也。按：襄愍以枕代死事，《鮚崎亭集》亦載之，然與此略有異同，某僧事則知之者綦鮮，故亟錄之。蘅洲，西河檢討弟子也。

縣令捕盜異聞

咸豐時，有京師人某縣令者，需次江西，久無差委，窮乏已甚。唯一老僕相依左右，為之奔走衣食。或勸之他適，則曰：「主瀕斷炊，我焉忍飽？」某令乃謂之曰：「汝力終不能活我。我窮餓死，汝徒相隨，同盡奚益？不若別事新主，果得所依，尚可以所餘助我也。」僕始首肯。適有同官某委署某邑，距南昌才四十里，某令為書薦之往。中途大雨，天且向晦，之路旁廢剎暫避。殿上漏無乾處，惟佛龕尚完好，乃側身其中。夜半雨止，月明如晝，瞥見殿上東廊有一棺木，色極新，知為新死者。將起行，忽然門外馬蹄聲至寺門止。二人自外入，一中年者約四十餘，一少年者可二十許，席地坐殿門外。少者曰：「我三人約為兄弟，走江湖，誓劫財不漁色。昨二哥所為，得釵釧甚微，而殺其人。此良家之歸寧者，非淫其色，何故殺之？背約甚矣。」語次，指廊下棺曰：「大哥若縱之，何以對此死者？」言畢，自振其佩刀，瑲琅有聲。僕聞言，知為盜，駭甚，屏息不敢動。俄而寺門辟，又一人短衣仗劍，悄然自外來。少年即起立，抗聲責之，其人默然無語。良久，乃仰首曰：「我尚有眷口，恐以相累。」少年曰：「此事大哥與我當力任之，請勿慮。」其人即擲手中劍與少年曰：「以煩吾弟。」少年接劍而剸其喉，拾地下席裹其屍曰：「我以歸諸其家。」中年者欲有言，少年曰：「此可不勞兄往，但稍醵數十金濟其家，明日至省城某茶肆晤會可矣。」挾屍徑去。僕聽之了了。天曉，亟歸其主。主某縣令撤任，即有此案，今幸有端倪矣，亟赴大府面陳其事。大府即飭某令率眾往某茶肆，二盜皆就縶。某令以功得署優缺，僕事之終身。二盜有俠義，殺人者已自抵，得免死，留軍營效力，後均立戰功得官。

紀歸安朱侍郎直言事

庚子拳匪之變，舉國若狂，盈廷緘默，偶發讜言，輒觸奇禍。其官居侍從，身無言責，而折角批鱗，終始不撓，屢瀕於危，而卒獲免者，歸安朱古微侍郎祖謀一人而已。方是歲四月杪，內廷已決戰計，然尚無明文發表。侍郎時官翰林院侍講學士，首抗疏力爭拳匪妖妄，不可倚以集事。又謂兵力窳弱，斷不足當列國節制之師。而以一國遍與八國開釁，眾寡、強弱、曲直之殊，在在皆無勝理。其言最切摯。疏甫上，樞廷堂屬爭相傳觀，謂翰苑中乃有此風議。早朝未散，其事已喧傳輦下矣。侍郎既遞摺，出城未歸寓，先驅車詣長樂林詒叔編修開暮寓所，蓋詒叔之兄官軍機章京，必知疏入後，宮廷意旨何如，故汲汲往探消息也。

甫入門，尚未就坐，詒已屣履出迎，相見即失色吐舌曰：「老前輩竟如此大膽，敢作此驚天動地之大文耶？」即此一語，可見宮闈主戰之決心，與士大夫清議之遏抑矣。孝欽得疏，未置可否，但微哂狂生不識時務而已。知府湖南人曾廉探得之，遽奏請立斬侍郎以懲異議，兩疏皆留中不下。蓋孝欽雖愎諫，而斯時蓄怒未盛，未肯遽殺人以立威也。未數日而有大叫起之舉（凡國家有大事，遍召九卿翰詹科道入見，謂之大叫起，許文肅景澄踞牽上衣，即在此時）。侍郎既入見，即力陳董福祥不可專任。侍郎軀幹短小，而語最洪亮，又學士階卑，班最後，故不得不大聲言之。孝欽聞，愕然問曰：「大聲疾呼者為誰？」侍郎昂然對曰：「翰林院侍講學士臣朱祖謀。」孝欽微笑，即呼令稍近前跪，以便問對。侍郎乃詳陳董軍不可恃狀，孝欽艴然曰：「然則汝謂何人為可靠者？」侍郎頓首奏曰：「臣於諸將帥交際生疏，未能悉其底蘊，不敢妄行保奏，致誤國事。然如董福祥之驕暴粗疏，昭然眾目共睹，臣既有所聞見，亦實不敢緘默。軍旅事重，尚乞太后與諸王大臣熟商之，非臣有所惡於董福祥也。」孝欽雖不悅，然以其言切直，亦無以罪之，但叱退去而已。翌日軍機入對，孝欽忽問榮祿曰：「昨日大叫起時，有翰林院官朱某，與我辨理甚苦，此姑不論。唯其人奏對時，目光注視予面，其意似深不滿於予，今日思之，猶介介也。」榮祿對曰：「彼小臣萬不敢對太后無禮，但其與奴才語言時，目光亦往往如此。奴才徐察之，知其目本有病，加以畏葸矜持，更失其平日活潑之態度，非有他也。」孝欽始釋然。榮於侍郎未有一面之交，顧保全如此者，蓋榮為人素狡險，雖阿附后意，力主用拳，然亦頗慮他日不能必勝。故遇事往往陰持兩端，不敢顯違清議，預為後來免禍地步。然即此一念，而正人君子亦頗賴以保全。若剛毅、啟秀，則愚愎更下榮數等，故對於面折廷爭之士，無不悉力以構陷之也。

戰釁既開，使館久圍，董軍日有傷亡，而外人無毫髮損失。雖疇昔主戰者，亦知事之無幸。然皆怵禍，不敢頌言。侍郎又疏請刻日停戰，保全邦交，為議和轉圜地，言尤切至。是日黎明，侍郎方入內遞封事，旋聞留中無旨，即驅車歸城外寓所。甫至家，則樞廷交片已早到，召侍郎詣軍機處，稱奉旨有垂詢事件，復升車入內。時尚未朝餐，僅買餺飥數枚於車中啖之。才入西華門，則剛毅已先退直出，徐步陽陽，若有得色。相遇於夾道中。侍郎本不識剛，蘇拉（滿語「閒散」之稱，旗丁之供役官署者也）指語曰：「此剛中堂也。」侍郎不得已，趨而揖之。剛猶溫語相獎藉曰：「適讀尊疏，指陳切當，深中機宜。停戰議和，實屬今日不易之策，佩服無既。惟太后於疏中要語，尚有所疑，故須召入傳詢。吾本署尚有要事，須先退直。仲華（榮相字）、夔石（王相文韶字）、穎之（啟秀字）、展如（趙舒翹字）諸公，俱在樞廷，可往見之。但未知慈意如何。吾出外即先照尊疏言辦理，已先傳諭諸將，不唯使館須竭力保護，即樊國樑處，亦飭令嚴密防護，不許妄動一草一木矣。」侍郎曰：「未知樊國樑為何人？」剛謬作驚詫狀曰：「大法國傳教師樊老先生，現為西堂大主教，足下乃不識其人乎？」（法教堂在城西安門外，故曰西堂）侍郎曰：「向與此輩未有往來，然樊既係教士，自屬私人資格，非使館關係邦交可比，保護與否尚無關緊要。」剛且行且搖首曰：「不然，不然，應保護，應竭力保護。」遂匆匆去。剛行既遠，蘇拉語侍郎曰：「朱大人知剛中堂將何往乎？彼有戎衣一襲，存西華門外某飯館中，出禁中並不歸家，即往飯館早餐。飯畢換戎衣，徑率親軍數百人往攻西堂，期必得樊國樑而手戮之，已連攻三日矣，尚未得手。今早聞彼自言，當竭一日之力，不攻破不遏手。是以匆匆早退直，胡言飭人保護耶？」侍郎既至軍機處，榮相迎問曰：「慈意於尊疏似頗許可，惟停戰不能空言，使臣將命，不知用何儀注，在歐洲各國，必有定例可循。頃太后以此垂詢，同人皆不知，無以覆奏。

故請旨召君來一問，應如何辦理，君自當熟知之。」彼輩所以為此者，蓋深惡侍郎言直，而疏中語意空洞，欲加罪而無辭。

彼輩習聞西人有豎白旗停戰之說，而白旗之用，在中國為納降。度侍郎意中，亦必如此辦理，故謬為不知，請旨垂詢。俟白旗之語出自侍郎口中，即可鍛鍊周內，指為輸款敵軍，勸降辱國，即立置重辟，亦不能自白耳。侍郎初聞蘇拉談剛相事，固深疑之，至是益大悟。乃對曰：「某上疏本意，因戰事久不得手，敵軍日逼津、沽，去都門僅相隔尺咫。且慈躬頤養之餘，日聞炮火震驚，度亦難安宵旰。故冒昧奏請停戰，以紓近憂，別圖長策，並非取法彼族。至停戰應用何種儀注，生平未習，西籍實屬毫無所知，不敢逞臆妄對。總署堂司各官，不乏深諳公法之員，果其言有當聖心，應請降旨召詢，必能熟籌長策。」語畢，榮相默然，沉思良久，曰：「君言亦是。即以是意辦一奏片，我等為君覆奏，看上意若何辦理。」即令章京導侍郎入別室，草奏既成，榮等持之入對。有頃，復出曰：「尊奏太后已覽訖，命且留中，所事已畢，君可歸矣。」侍郎始徐徐出，日已旰矣。戚友莫不代為危者，聞其歸，乃交相慶也。

清宮秘事瑣紀

相傳孝穆皇后為恭忠親王生母。為妃時，最有寵於穆陵。文宗少而失怙，宣宗命孝穆撫養之。宣宗本鍾愛恭王，以其英挺類己，金縢秘冊，欲署恭王者屢矣，孝穆始終力辭，乃止。當時文宗頗自疑不得立，賴師傅濱州杜文正公受田為之畫策，遂得冊立，以故深德文正。文正之歿，以協揆而贈太師，為清室二百年間漢大臣所僅有，職此故也（語見《春冰室野乘》中）。及宣宗升遐，文宗感孝穆養育恩，特尊為太后，一切禮秩，悉視母后，孝養特隆，並命恭王得朝夕入宮問安。清世故事：皇子既受封，即須出閤，別居府邸，非奉諭旨，不得輒入，至皇兄弟益不能輕入宮禁。恭王獲沐此殊恩，亦以太后故也。顧太后雖勸立文宗，而晚年復悄悄悔之，生平未嘗稍假詞色，故文宗亦復覺。迨太后病篤，文宗昕夕侍側，親視湯藥。每與恭王替班互值時，太后已昏迷不知人。一日文宗坐榻側，太后誤以為恭王也，執手而名呼之曰：「吾旦晚必不起，受天下之養者數年，死亦何憾。但恨汝父當年欲立汝時，吾矯情力辭，鑄此一錯，使汝從此低首他人下耳。」因涕泣哽咽。文宗知其誤，亟以他詞亂之。后忽醒，見獨文宗在側，自悟失言，乃大慚，遂氣逆痰湧，俄頃竟上仙矣。然文宗終不以是故薄視恭王，太后飾終之典，未嘗少有缺也。此事戊戌春在京師聞諸康長素者。

醴泉，字子鈍，侍御，曾聞之一內務府旗員，謂慈禧之不悅德宗，實起於壬辰之夏。一日，德宗與孝定皇后因小事相爭，上忽盛怒，后後甚厲，后不能堪，乃詣慈禧前泣訴其事。慈禧大怒，語左右曰：「上，吾所援立，乃忘恩至此耶？后，吾親侄，詬后是不啻詬我也，是何能容？」因此溫語慰后曰：「汝無悲泣，古人有言：人盡夫也。以若盛年，何慮不能行樂？胡斤斤焉戀此病夫為者？吾必有以處之。」自是上每請安入宮，慈禧未嘗與交一言。如是者數月，兩宮嫌隙遂成。后雖悔之，然無及矣。

方兩宮之駐蹕西安也，慈禧遇上，頗有加禮，起居衣食，亦稍稍得自由。及還京，一切復如其初。上每侍慈禧居頤和園，終日蟄處一小室，枯寂無聊，每書空咄咄。一日因雪後登樓延眺，忽見西山麓有廢寺一所，寺旁一古墳，松柏數株，樵採半已心空。草深徑沒，耕者往往侵及墓側。乃指問內侍謂：「何家墓道？何荒蕪至此？」內侍對曰：「此明景泰皇帝陵寢也。」上默然不語者久之。有頃，忽泣下，哀而不止，內侍亟扶掖以下。明日，上召一親信內監至側，於篋中出銀二百兩付之，命速往景帝陵修治墓道，增植松柏，且稍葺寺屋，招僧住寺中，俾主香火，歲時祭掃。禁樵採耕牧，毋得侵及墓域。堅屬曰：「勿令太后知也。」內監跽請曰：「奴輩但知此係景泰陵，不知景泰究是明代第幾朝皇帝。保護前代陵寢，自係禮部專責，何必皇上自發內帑，又不令太后得知？敢請其故。」上泫然曰：「無他，同病象憐已耳。汝輩視此陵寢，不必認為明景帝之陵，即視為朕躬，亦無不可。」語未畢，涕下沾頤矣。按：先帝大行後，廷臣恭議尊諡，竟以景字為請，其有意耶？其無意耶？（又按：光緒、宣統兩朝年號，殆不無微意於其間。蓋明謂新帝所承者，道光之緒、宣宗之統，而置文宗於不顧矣。不意以孝欽之明察，而見不及此，使在雍乾間者，殆矣）

德宗晚年，大阿哥溥儁既廢，恭親王溥偉覬覦儲位甚力。適張文襄之洞由鄂督入為軍機大臣，溥偉以文襄碩德重望，謂可樹以為援，於是待遇文襄禮極恭謹。每言必稱以太世伯，而自謂再侄。蓋以其祖忠王，與文襄同朝也。文襄每入朝，與溥偉遇，升階逾閾，必從旁扶掖之唯謹。戊申十月，慈禧萬壽，賞王大臣入座聽戲。故事：臣工聽戲皆於兩廊設地褥，盤膝坐聽。文襄已篤老，坐久筋骨倦而不能支，又無宴息所，深以為苦。忽溥偉至前，曳其袂，邀與出散步。文襄起，隨之出，曲折達一小院落，闃寂無人。文襄方惶惑不敢前，溥偉曰：「入無妨也。」因趨前啟簾，肅文襄入室。則短榻橫窗下，隱囊裀褥無不精，地下茶鼎方謖謖作聲，一小璫持箑扇火。几上陳果餌數盤，悉上廚精製也。文襄方饑渴不可忍，得此則大喜。餐畢，且讓文襄偃臥榻上，而已則旁坐相陪。文襄終數日聽戲大典，而精力不為少憊者，皆溥偉力也。文襄常語人曰：「恭邸一親王，乃敬禮我若是，澤公僅一公爵，齒尚較恭邸為少，乃直呼香濤，人之相去懸絕，乃如是耶？」然後來定策時，詔旨徑從中出，文襄竟未嘗與聞也。

順治朝，太后下嫁一事，遂成千古口實。唯所據者為張蒼水一詩，此特敵國詆毀之辭。又當時兵戈阻絕南北，傳聞不能無所增飾，本不足據為典要。或言金陵某舊家，有蔣良騏《東華錄》

原稿本，中載此詔，然亦未見其書。又或謂錢牧齋有賀表在集中，然今《有學集》已出，亦實無表也。頃見某報所載某氏筆記，詳考此事，然亦別無他據。僅據蔣、王兩錄異同，互相考證，顧所謂得間者，亦不過罪狀睿王上諭中私入宮禁一語，以為確證。夫此語果可為此案之爰書乎？考順治朝所謂太后，惟孝莊文皇后一人，即康熙時尊為太皇太后者也。孝莊素稱懿德，其撫育景陵（康熙陵名），備極慈愛，以情理揆之，決不容有此失德之舉。某氏筆記，又謂孝莊歿後，至雍正時，始行守祔，以為可疑。此則孝莊臨崩時，遺命葬孝陵近地，俾母子魂魄相依，不願歸祔遼左。及大行後，禮臣集議典禮，重禮經者謂當從夫，重遺命者謂可從子，兩議相持，歷年未決。故直俟三十年後而後奉安禮成，更不得執為疑案也。

度當時情勢，多爾袞以帝叔之貴，據居攝之等，而又不學無術，沿習夷禮，必有擅入宮掖，取先朝嬪御為媵妾之事。民間方疾首於滿洲之入主中原，遂相與增飾其事，以為太后下嫁耳。平心論之，清室入主中夏，二百餘祀，其行事終非拓跋、完顏可及，更無論於胡元。載筆之士，自厥祖父以來，固以數世為臣民，其虐政之得罪於民者，固不容為之曲諱。若夫中冓之言，曖昧之事，則不宜暴揚其惡，以傷忠厚。況此事之因訛傳訛，毫無佐證者，更不當掇拾單辭碎事，以附會而文致之乎。敢陳茲義，以箴時流，史家直筆，或有取焉。

紀董福祥軼事

故甘肅提督董福祥，固原州人。固原故多回族，而董氏則與回為世仇，人或疑董亦回族者，誤也。福祥初起時，據寧靈廳屬之董志原高某為主，而福祥與故喀什噶爾提督張俊輔之三人者，相與結盟為昆弟。高本諸生，涉獵書史，任俠有大志，鄉人皆尊之為高二先生。方回變之始起也，雷正綰、陶茂林諸軍，屯秦隴之交，劫掠焚殺，無異回匪所為，民不聊生，多結砦自保。於是大猾王某，聚數千人保董志原，而福祥等三人往隸之，頗不為王所禮，鬱鬱不自得，乃謀殺王。王故嗜鴉片，福祥與俊計，乘其癮發踞床臥，懷刃而入，陽為白事狀，王故弗疑，方徐徐起迎，福祥徑抽刃砍其膺，俊自後助之，王立死。二人遂奉高為砦主，以兵法訓練所部，皆精銳敢戰。四方歸之者日眾，賊至則擊賊，兵來則擊兵，官軍與回匪均畏之，呼之曰圍圍賊（圍圍，隴上土語）。

及左文襄之督師西征也，湘鄉劉霞仙中丞蓉方任陝撫。回悍甚，湘軍新自南來，不習西北水土，戰久無功。或有以招董軍協剿之策進者，左劉皆韙之。劉因遣幕客長安柏子俊先生景偉往其壘說以利害，福祥、俊皆心動欲降，高獨不可。蓋高素有雄略，頗懷革命思想，陰規割據甘隴也。已而高以疾卒，福祥等遂以所部來降。文襄大喜，俾隸劉忠壯公松山部下。時西征諸軍數萬人，然文襄所恃為選鋒者，忠壯一軍而已。既得福祥、俊，益所向無敵。會忠壯督軍圍金積堡，忽中炮薨，軍氣驟熸。他將雖有善戰名，然無及福祥、俊者。文襄雖陰右湘將，然不能不為之屈。忠壯猶子襄勤公錦棠，接統老湘營，然與二人私相見，必以父執之禮尊之。二人亦感激，樂為盡力。福祥故一勇夫，粗豪乏計略。俊則美秀而文，恂恂類儒生，頗讀書，略通章句，能用計出奇致勝。且備諳回部情偽，故戰輒得志。

自此以後，文襄削平隴右，恢復新疆，什九賴甘軍力。而福祥之立功，則又皆俊所左右，公論昭然，不可掩也。南北路諸城既戡定，湘軍諸將皆膺上賞，福祥、俊僅官總兵。蓋文襄鄉曲之見甚深，其待遇西北將領，事急則加以禮貌，以結其歡心，事平則靳以中賞，防其飽而揚去。然二人出群盜中，驟至專閫，富貴之願已償，亦不計較勳位之高下也。文襄去後，繼為甘督者皆文吏，不足制者將，乃不得不虛與委蛇，以羈縻之。時福祥已擢至喀什噶爾提督，漸驕蹇，時時思與督撫平權。陶勤肅撫新疆，輒以事故裁制之，福祥頗悒悒不自得，微思去而之他。

會光緒甲午，孝欽后六旬萬壽，召各省文武大吏入都祝嘏。於時禮親王世鐸，方長樞廷，夙以包苴著稱。聞福祥欲去新疆，且涎其多金也，因召使入都。福祥聞召則大喜，急輦巨金以行。後此掀天揭地之風濤，遂濫觴於此行矣。福祥既行，勤肅太息謂所親曰：「此輩粗才，不識大義，但縻厚祿，處之邊隅，收其折衝禦侮之效斯可矣。今及引之腹心重地，示之以朝廷之情實。彼見夫執政諸臣，其人物不過如是，則輕視朝廷之心生，將無所不至矣。」勤肅此言，猶鑒於漢唐季年馭將之失策，引之以律今日，而孰知後來之禍變，更出當時意計之外也哉？

福祥既入都，會榮祿以西安將軍亦祝嘏還朝。榮固久蓄非常之志者也，得福祥則大喜，羅而致之門下，折節與為昆季交。福祥亦激昂感慨，願為知己用。慶典未行，遼禍已棘。榮力薦福祥可大用，乃留京弗令去，俾召集舊部，鎮護畿疆。不兩月竟成軍萬餘人，益以親軍精銳數百人而已，其什九皆新募烏合之眾也。初屯南苑，旋移獨流。乙未春，湘軍又敗績，福祥乃抗疏請出關自效。榮祿以京師宿衛單弱，尼其行。一時士大夫稱道董軍，至擬之王鎮惡、檀道濟，而惜其不得出一戰。是時記者方在輦下，嘗親見其軍容之盛，士氣之驕。某部下某營官與人語，猶執道、咸間謬說，謂西洋人日中不能視物，且腿直，一仆即不能復起。吾師一出關，直摧枯拉圬耳。無論其耳食之訛鄙可笑，且並日本之非西洋人尚不知之，果使成行，亦不過吳大澂、魏光燾之續耳。幸而不出，遂成豎子之名。然使果一戰而北，則人知驕軍之不可恃，而榮相依董軍以排外之迷夢，可以早醒。庚子之禍，庶幾不作，則福祥之大幸，又國家之大不幸矣。禍福倚伏之機，固非恒情所能測哉！

東事既定，西回繼變，乃敕福祥帥所部西征，始改授甘州提督，且得專摺奏事，與總督平行。此次之變，非本回族全部之同心，彼中稍有身家者，皆願王師早至，莫不簞食壺漿，以輸軍食。而福祥所統諸軍，漢回各半，要皆河隴土著。其漢兵，則自顧身家，其回兵，則亟除害焉，皆願努力效死。故甘軍一經上隴，所向無前，勢等破竹，用兵半載，遂蕆全功。雖曰天時、人事相湊成功，而運餉之勞，斬馘之眾，較文襄曩時，不啻倍之矣。西事既竣，勤肅方督陝甘，福祥仍不受其節制，乃復詔回衛畿西，駐軍正定。榮相見此，遂以成戊戌政變之局，此則天下所知，無俟贅論。

庚子之變，人皆以禍首蔽罪福祥。顧此當為福祥恕者，排外之舉，本由榮祿主持，福祥既蒙榮卵翼之恩，自不得不聽其發縱指示，此亦情理當然，無足深咎。福祥之譎，在其圍攻使館時，不肯盡力耳。蓋自津、沽既失，聶軍覆沒，福祥亦明知聯軍不可力敵，而又不願下心俛首，自表無能。因遷延使館之外，弗肯盡銳攻擊，以陰俟宮廷之轉圜。此其用心雖巧，然諸國使臣竟獲無恙，後來和局開議，不至無可藉手。則即此一念，而國家之蒙其蔭庇者亦不少矣。或曰：「福祥之遷延，亦榮祿陰教之。」此亦理之所宜有者。福祥既罷兵柄，築城於寧靈之間而居之，作富家翁，已無意世事矣。而倏然一波驟起，幾釀成西北之巨變者，當世或未之盡知也。

辛丑議和成，兩宮自大梁回鑾，端庶人出奔阿拉善王旗，依其外舅以居。福祥所居，距河套最邇。或投以書，嗾其糾故時部曲，擁護端庶人，為入清君側之舉。福祥固無意發大難，得書一笑置之。統兵某大員者，妄人也，初從軍福祥部下，積功至專閫。及福祥勢去，乃謀下石焉，聞其事喜甚，謂可邀奇功也。急厲兵秣馬，刻期北發，將掩其不備而捕之。福祥聞耗亦大驚，乃召集舊部，戒嚴以俟。於時督陝甘者為滿員嵩蕃，其人謹厚無所表見，顧頗更事，識大體，得某大員密報，覆電嚴斥之，戒勿動。而電召甘涼道白遇道，馳詣福祥。許曉以利害。白故福祥營務處也，白見福祥，備述總督意，且力以保護自任。福祥感泣奉命，西陲賴以無事，不然者，張方朱玫之已事，復見於今日矣。福祥本末如此。其粗疏豪勇，不過陳國瑞、李世忠之儔，使安處西庭，保障極邊，未嘗不可收藜藿不採之用。始於世鐸一念之貪，欲徵其財貨，乃適啟榮相之野心，而資以羽翼。卒之辱國喪師，而召吾國民以莫殫之禍。《詩》有之曰：「大風有隧，貪人敗類。」可不戒哉！可不戒哉！

馮萃亭少保軼事

馮萃亭少保子材，為清季名將之冠。初，本在洪、楊軍中，後歸誠，隸淮北大營，立功洊至專閫。乙酉二月，諒山之敗，法人陷鎮南關而入逼龍州。官軍再戰再敗，桂事已不可收拾。少保已年逾七十，統萃字五營在前敵，中路陳於山巔，見諸軍敗退，憤甚，杖戈草履徒步自山巔馳下，大呼入法陣中，肉搏蕩決，所向披靡。諸軍繼進，法軍大崩潰，賓士一日夜，至諒山，始收隊。方炊飯未熟，聞營外人馬聲，駭以為馮軍追至也，復大奔不可止。我軍遂復諒山，而和議以成。五十年來，戰勝晳族，為吾國民生色者，少保一人而已。然生平有一事，乃絕可笑。

光緒元年，叛將李揚材作亂越南，規犯粵、桂，大府奏派少保統諸軍出關督剿，大破賊眾，揚材授首，凱旋入關。朝廷嘉其功，賞賚稠疊。賜物中有《平定粵匪方略》一種，其書紀少保未歸誠前，與官軍拒戰事不少諱。少保讀而病之。乃專疏入奏，略謂臣少時迫饑寒，誤入賊中，桀犬吠堯，良非本心。自投誠後，二十年間，東南兵事，無役不從。所冀少贖前愆，附驥於忠義之林。今恭讀《方略》，於臣前事詳載靡遺。史官職在徵信，自應據事直書。但微臣伏讀之下，輒覺愧汗，無以為人。可否仰懇天恩，念臣積勞，泯其往事，命史官凡遇「馮子材」字樣，均於「材」字一增筆，改為「林」字，則感激之忱，益無紀極云云。此事若出文臣，則當立獲嚴譴，當時朝廷念少保親立大功，且武人不識掌故，僅降旨申斥，而仍以溫諭慰之焉。

孫子授侍郎軼事

錢塘孫子授侍郎詒經，光緒初，以學士授讀毓慶宮，洊至戶部侍郎，駸駸將大用矣，同列某公忮之。豐潤張幼樵學士之督師馬江也，主其事者某公，蓋陰襲張湯使狄山乘障之故智也，後果僨軍謫戍。然上意頗憐其才，欲摧折而後湔拔之。一日同列諸師傅皆在告，獨侍郎一人入直。日課既畢，上留侍郎從容坐談，因及豐潤事，頗惜其有才而不善用。侍郎因陳使功不如使過之誼，且言張佩綸獲譴以來，頗知悔艾，迥非昔年趾高氣揚故態。倘皇上起之廢籍，責以自贖，必能感激圖報，不至重負聖恩。上雖未言，而心頗韙之。他日某公入見，上因語及前事，某公力言佩綸決不可復用，且微斥侍郎植黨樹恩。上固深信某公言者，由是侍郎恩眷頓衰。未幾，遂以戶部堂吏某骫法事，退出毓慶宮矣。命下之日，某公猶躬詣侍郎宅，溫言慰藉，謂天威不測，竟不知誰何所中傷，某雖竭力保留，無如聖意之不可回也。侍郎至竟不知為某公所排擠，比其薨也，猶深感之。侍郎薨後，王鬷卿農部頌蔚輓以聯云：「公以枚乘給札，兼浮丘授詩，直道難行，往事不須憓醴酒；我本詞館門生，廁司農掾屬，文章憎命，逢人猶自惜焦桐。」侍郎本以南齋翰林，洊直毓慶宮，故有枚乘給札之語。鬷卿則由庶吉士散館改官，故次聯及之。當時弔客讀此聯，莫不咋舌，謂在雍、乾間者殆矣。

章實齋之斥袁子材

乾隆時，袁隨園以詩學主盟東南壇坫，效毛西河於徐昭華故事，吳越大家閨媛，執贄稱女弟子者，至數十人，一時詡為盛事。獨會稽章實齋先生學誠，深惡而痛絕之。既撰婦學以倡女教，又於所為筆記中痛斥其非，雖憤時疾俗之辭，不無過當，然亦箴頹俗之膏肓，防末流之氾濫，則未可謂無功於人心世道矣。嗚呼！實齋生百年前，所見者不過女士昌豐，習為風流韻事，而所慮已如此，使其生逢今日，太息流涕，抑又何如？爰比而錄之，以備言禮教者之一助。

其一則曰：譚友夏女山人說，有女子名瀾如者，善貌蘭通書，略知韻事，與一時素士交，處居小巷中，人稱之曰山人。戶外之屐來求一觀山人，各當其意去。而退省其私，或自厭其尾瑣之言，輕其錢穀之好，陳其篋笥之書。亦有以周旋其面目，曰：「吾不如女山人。」因謂山人喪風雅之名。而女子反以存山人之實，以風當世。按：譚氏所斥之山人，不過走江湖，謁貴顯，務虛名，無實學，一種取憎惹厭之俗子耳。貴人之前，娼優狗馬，無不待食，若輩不過分一娼優狗馬之支給耳。其品雖出名妓之下，於名教未有妨也。近有浮薄不根之人，倡為才子佳人名色，標榜聲氣，蠱惑士女，盡決義禮之坊。一時無識男婦，競相趨附，輕於蛺蝶楊花，無復人禽之別。又有一種江湖筆墨，油口禪機，倡為三教同源，造為聲色貨利，不害禪定之說，掣帶不男不女一輩，干謁貴顯，陰邪傾僻，無所不為。而原其所始，不過為阿堵物，術干巧取，與山人奔走都市，同一俗品。而造作言辭，誑惑人聽，為風俗人心大害，則又江湖山人之罪人矣，安敢與倡優比高下哉？

又一則曰：明末閨秀方孟式，讀徐媛詩，與妹維儀書曰：「吳人好名而不學，不獨男子為然。」（按：孟式，桐城人，適縣張秉文。秉文崇禎時官山東布政使，清兵下山東，夫婦俱殉難。乾隆時秉文賜謚忠節。）其言有丈夫氣，巾幗中少識也。今日號為大家閨閣，但知仰一纖佻不學，心術傾邪之無品文人，求其標榜題品，非禮相見，屈身稱女弟子，無復男女之嫌。不知無品文人，為之誇飾矜詡，其心實不可問。所為標榜之名，不但不足為榮，而適足以為辱。當日所謂徐媛者，方氏但言其詩不足稱，猶未至如近日大家閨閣所為之甚也。然其病實由於好名。其為無品文人所愚，而不自知其淺陋，則實緣於不學。方氏此言，真今日大家閨閣之良師也。

又一則曰：朱楚生者，康熙中名妓也，嬌慧善嗔。有查生于周者，與朱蹤跡甚密，然終落落未易近。查嘗得善寫真者曾生，欲為朱繪一小像，貽書詢之。朱覆書曰：「來書云云，令人吞吐不下，字字足傳神矣，安得又有曾君然犀來照人也？但面目可憎，毫無可畫。唯排場上醜態畢露，為可畫耳。來教又云：『心可假而貌不可假。』此語固然，令人恚甚。我常以不可假而假之，人知之矣，亦常以可假而不假，君知之乎？與君心期十載，情感三生，猶然知我貌耳，未知我心，可歎也。曾君可畫，我可假之心，何以傾注於君？我當盡解釵釧，為曾君壽。如必以貌為言，即使神似形似，百日真真，千呼萬喚，我不下也，不如己之何如。」或謂此書足見善嗔，余謂此正所以善媚也。李夫人病篤，成帝以高爵厚賞，求一睹面，卒不可得，自言此正所以託重兄弟。成帝病緩弱不能舉，惟持趙昭儀足，則興不可遏。昭儀故避，不使得常持，宮人咎之，則曰：「使帝易持，將厭棄不足重矣。」蓋雖妓妾嬖幸之流，果使色藝出人，縱其乞憐帝寵，亦必先自珍愛，不肯輕炫易售，以為致人而不致於人，斯足重耳。安有大家閨閣之體，理宜如何珍惜，而顧以偶解五七字句押韻之語，不惜呈身露面，甘拜心術傾邪。纖詭輕薄，毫無學問之無品文人，屈居弟子，聽其品題，自以為幸？嗚呼！不忍道矣，尚覺妓妾嬖幸之流知自愛矣。

又一則曰：近有無恥妄人，以風流自命，蠱惑士女，大率以優伶雜劇，所演才子佳人惑人。大江以南，名家大族閨秀，多為所誘，徵詩刻稿，標榜聲名，無復男女界限，殆於忘其身之雌矣。此等閨閣，婦學不修，豈有真才可取，而被邪人播弄？浸成風俗，人心世道，大可憂也。乃更有癡妄無知婦女，自題其詩曰《浣青集》，謂兼浣花青蓮之長也。此不必更問其詩之優劣，而其為無知無恥之妄人，要不待言。為之夫婿者，不但不知禁約，而反若喜之。嗚呼！彼之所喜，正君子之所憂耳。

以上四條，可謂偏岩急迫，非儒者氣象矣。其實隨園門下諸女弟子，兼有以學著者。其苦節自貞者，更屬不鮮，非純屬弄月嘲風之比也。此老所為，誠不足為訓，以責隨園，則咎實無可辭。一概抹煞，並謚以不貞之大惡，豈惟失實，抑且有損盛德。意者實齋於隨園，本有夙嫌，挾義氣以為陽秋，自不覺其言之太過耳。然實齋之言婦學也，以讀書守禮為本，以文詞技藝為末，非如守舊頑固者流，執無才是德之說，欲屏女子於學問之外者也。過而存之，亦足為今日之暮鼓晨鐘矣。

陳坤維詩

乾隆末，吳中桑韜甫水部調元，客京師，於廠肆購明刻《元人百家詩》一部，中有小箋，題七律一首，署曰陳氏坤維，蓋故家才媛，因貧鬻書者。詩云：

典及琴書事可知，又從案上檢元詩。
先人手澤漂零盡，世族生涯落魄悲。
此去雞林求易得，他年鄴架借應癡。
亦知長別無由見，珍重寒閨伴我時。

下注：「丁巳又九月九日，廚下乏米，手檢《元人百家詩》付賣，以供饘粥之資。手不忍釋，因賦一律媵之。」按：丁巳為乾隆二年，檢舊曆是年適有閏九月，上溯康熙及萬曆兩丁巳，皆無閏也。此詩怨而不怒，頗有衡門療饑之概。非唯其詩氣韻雅潔，其學之純而品之高可見。名氏僅存，里籍翳如，亦可悲矣。

沈文開集為臺灣信史

魯王兼國時，徐學遠有海外幾社之集。是時明室遺老，多逍遙海外者。鄞縣沈文開先生，名文光，由諸生貢太學。唐王時，授職太僕寺卿。隆成敗後，航海至廈門，未至而風引其舟抵臺灣，是時鄭氏尚未至也。後延平既建國，所以禮先生者甚至。先生凡居臺三十餘年，及見鄭氏盛衰，有集十卷，抄本流入內地，為全謝山所得。謂其載鄭氏三世事極其翔實，海東文獻，當推為初祖，惜全氏當日未敢遽付剞劂。今浙人士知先生亦鮮矣。百餘年間，數更兵亂，未識原本猶在世間否也？志國史者，當博訪之。

紀李芬事

孤虛旺相之術，儒者之所不道，然其術流傳最古，精者往往驗如桴鼓。方今形上科學，尚未發明，不可訝其虛誕而盡斥之也。昔聞秦州劉子嘉前輩，述李芬事，亦他日修清史時，日者傳中人物。芬，皋蘭人，少孤貧，讀書未成，因入行伍。乾隆中葉，隨定西將軍兆惠平伊犁，擢千總，為行營傳宣官。及大兵之南征回部也，未抵葉爾羌，賊酋霍集占率罪奄至，環營積土為城，城高三丈許，外濬深濠，削木為鹿角植濠底。賊踞城上施大炮，晝夜不息，官軍無一人得出。困守逾月，食且盡，兆束手無所措，獨坐帳中太息。芬進曰：「兵饑矣，將軍何不以糧濟之？」兆大怒曰：「若知糧絕，而故倡斯言，欲搖動軍心耶？」曰：「糧自有，但無人肯取耳。營東南隅土中，有麥三百餘斛，盍遣卒發之？」兆曰：「發而不得麥，汝當軍法從事。」荷先使知，將無所逃罪，無已，姑先試之。」命家童六十人，荷鍤隨芬往，如所指掘之。有頃，童果握麥來獻。兆大奇之，促令眾往掘，竟如其數。問：「他處有乎？」「西北隅更多，蓋二千七百餘石也。」發之，亦如所言，無毫髮爽，眾莫不驚異。問：「何以知有窖粟？」曰：「以占知之。」問：「賊圍何日可解？」曰：「早占之矣，某日援兵當至，次日即潰圍出，某日大功可成，將軍晉封上公矣。」已而皆驗。後大兵凱旋，芬留駐烏什。烏什參贊大臣永貴，奉召還京。將行，召芬問曰：

「吾當以何日抵京師？」曰：「不能也。豈惟不得至京，且不得入嘉峪關。」永聞言，忿曰：「驗當酬汝金二百，否當囑新參贊鞭汝四十，毋悔也。」芬笑曰：「公此行十日內，若見群烏飛鳴如陣，必不可行，行者必及禍。當以某日仍反烏什耳。」永遂行。行九日矣，宿庫車之合塞爾，晨起出帳，忽飛鴉萬餘，上下鳴噪，駭極，遂不敢前。次日，羽檄從西來，則庫車領隊大臣德明為瑪哈沁所戕矣（瑪哈沁，額魯特一種劫盜名也）。立弛回烏什，督兵進剿，又數月。至次歲始得代歸。芬官止甘州參將，在軍中頗好讀書，於騎射不甚措意，氣宇恂恂，居然儒將也。

紀李本忠事

李本忠者，湖北漢陽富室也，世賈於蜀。楚蜀賈客皆舟行，沿江上下，自夔州入峽，至宜昌始出峽。數百里間，險灘如櫛，歸州為最，舟覆於是者不可勝數也。本忠祖即死於此，其父幸獲全，然瀕危者屢矣。本忠痛之，乃呈歸州牧，願獨出貲伐石，以平其險。既得請，則又走夔，訴諸郡守，守義而許之，助以資，辭不受。於是鳩工督役，諸灘以次削平。又以楚舟溯江上駛，必用夫挽舟，輒數十人負巨絙走崱屴間，鳥道狹隘，或僅數寸，失足輒墜入江，歲死者無數。乃更鑿巖通道，以利遄行。經始以嘉慶乙丑，訖道光庚子始竣工，蓋前後三十六年矣。凡平險灘四十有八，費金五十餘萬兩。楚蜀大吏上其事於朝，以為曠世義舉，溫旨嘉獎，賜本忠及子孫為四品卿銜。嗚呼！使此事在歐美，則銅像之鑄，傳記之記載，馨香百祀，寧有已時？而吾國則湮沒無傳，能言其事，殆於萬不得一，此吾國群治之所以日退也。噫！

劉武慎外交軼事

劉武慎公長佑之巡撫粵西也，叛將李揚材倡亂越南，武慎檄馮萃亭宮保子材統師往剿。功垂成矣，揚材密通款於法人以乞援，法總督陰遣人往助，而照會武慎，謂寇已降法，受約束，不復敢犯邊，請撤馮軍，五更進剿。又唆其駐京公使，數詣總理各國事務衙門爭執。總署王大臣不勝其聒，亦密函武慎，囑令相機退師。武慎不為動，陽諾之，而益飭進兵，月餘遂平寇，揚材成擒。於俘虜中得法蘭西人七名，訊之，皆法督所遣助戰者也。武慎謬笑曰：「若殆恐懼昏憒妄言耳，兩國邦交方輯睦，安有遣兵助寇之理。汝輩必被賊虜，久思歸不得脫，致神思顛倒，語無倫次。吾今當護送爾等往總督處，有一語望寄告總督，總督固長者，此後更勿為寇言所搖惑也。」因飭以禮館此七人者，厚賜而遣之行。命親信吏護送西貢，面晤法督交割。法督大慚愧，謝重疊。自是終武慎任，不復以邊事相爭矣。比吾國搜捕亂黨，某國人往往有在其中者，動致釀成交涉問題，惜無有人知武慎前事者。

紀杜憲英事

杜憲英，開封士人家女也。父故精技擊術，無子，遂盡以其術授憲英。憲英長，適中表周生，周生亦以拳勇聞一時者也。咸豐中葉，土寇擾開封，旁掠村野，周生集鄉兵數百人，保衛桑梓，夫婦更番督眾出戰，殺傷頗多。周一日戰勝，輕騎追賊，與左右相失，中途馬蹶，竟被擒。憲英聞耗，率壯士數十人往救，於賊中蕩決十餘往返，斬馘數百級，終莫得周所在，疑已被戕矣。賊退後，鄉人自投歸者無算，問周生死，皆莫能言之者。不得已，乃散遣眾，而獨攜一婢度淮南，沿途尋消問息，冀獲周蹤跡，年餘靡所得。一日泊舟高郵寶間，一商船先在焉，船中資貨山積，估客皆鮮衣美食，笑語甚適。俄儒服者三數人，由岸上緩步來，臨河與諸商言笑，意致爽朗，談吐亦馴雅。諸商肅使登舟，款以酒果，亦不辭，談噱移晷，始從客登岸而去。

近泊舟處一破剎，丹青剝蝕，古木掩鬱，一老僧服壞色衣，瞑目趺坐廟門階圯上，人問之輒不答，亦未嘗一啟睫。顧無人時，輒數數張目左右盼，目光炯然，射數十步。憲英語其婢曰：「不見彼耽耽者乎？」婢哂曰：「亂世懷璧，固惟禍是賈，何豫吾輩事？」女太息曰：「雖然，亦可憫矣。」鄰舟微聞之，異其所言。因見杜主婢皆弱女子，而孑身遠行豹虎窟中，且意態閒暇，度必非常人，乃徑登舟長揖請命。憲英初不肯言，諸商乞不已，始曰：「向之引杯笑談，今之暝目危坐者，非他人，皆君輩慢藏所誨者也。雖然，吾亦當自為計。諸君今遇我，亦不幸中大幸矣。」乃戒令「閉倉默坐，即有所聞，毋驚擾敗吾事，吾呼公等出，乃可出耳」。諸商歸舟，如其教，滅燭屏息以俟。夜未中，陡然岸上觱栗聲，數十人呼噪登舟。自蓬隙窺之，槊而前者老僧，刀劍從其後者儒服三數人也。女倏自己舟中躍而過，僧方奮槊，忽狂呼倒地，視之已喪元矣。儒服者怒，共以短刀環攻，憲英縱橫格斗，皆被傷仆，或有墜水者。一寇自舟後登蓬上，手佛郎機，欲出憲英不意，婢以長練引椎擊之，亦破顱斃，餘眾悉駭散。

天亦微明，憲英始呼諸商出曰：「無恐，寇退矣。」眾皆伏船頭，崩角謝再生恩。俄而鉦鼓訇訇，十數兵艦自上流下，桅顛建大纛，署王字。眾方駭顧，有頃已至，則水師巡官，聞下游有警，急至救援者也。一少年將領立船舷，召諸商問寇至狀，眾具以告。少年始而驚，俄若有悟，急請憲主僕。甫相見，即喜躍曰：「憲娘無恙耶？」憲英愕然，諦視良久，然未敢遽相認。少年乃曰：「卿不記嵩高山射虎時耶？」蓋其夫婦少時，曾游獵嵩高山下也。憲英始信曰：「果爾，君何以更姓王？」少年始為言其故。蓋被虜後，賊詢其姓名，詭以他姓對，賊不知為周，愛其勇，因釋而重用之。乘間逸去，投淮北軍中。有提督王某者，養以為子，因襲其姓，已積功官至副將矣。夫妻相持，悲喜交集，同載而去。此事在京師時聞人言，頗疑為稗官家粉飾之詞。後與祥符錢心梅屯田昌祥談及，心梅云：「杜周夫婦，確有其人，精技擊亦良信。」偶憶而錄之，見鞶帨中固有異人也。

閻文介開通太行北道

山西潞安、澤州兩府，在萬山中。唐以前，孔道可通車馬，後久堙塞，旅行苦之。光緒丙子、丁丑兩年，秦、晉、豫大旱，山西諸府，災象尤重，至有一村數百戶，餓死不留一人者。而澤、潞兩郡，乃大有年，穀賤，農為之傷。而運道梗阻，竟不克輸斗粟出山外。於是朝邑閻文介公，以工部侍郎家居，奉命山西賑務大臣。是時官巡撫者為威毅伯曾忠襄公，派員購米湖南北，隔越數千里，不得時至。文介嘗閱《通鑒》，考唐會昌中，用兵昭義，曾敕石雄率朔方軍，由平陽東南取道曲亭，進兵徑指上黨。既可行軍，其軌道必非甚隘，上下未及千年，不應遽無蹤跡可尋。乃與忠襄謀，派員查勘，往來月餘，竟得曲亭故址。遵此入山，直抵潞安府城外，不唯舊跡宛然，且廣闊能並行兩軌，不必鑿山堙谷，僅平夷險阻，即可通車馬。文介大喜，即奏以放賑餘款興工，未竣而文介解賑務，忠襄亦調任去。張文襄繼為晉撫，乃卒成之。

紀賈世芳事

清世宗晚年，頗信方士。寢疾時，浙督李衛奏薦河南醫生賈世芳，善符水，治疾不須藥餌。因召見，令試其術。世芳於上前，以朱繪符，焚諸火，口喃喃誦咒數十語，上果霍然痊癒。乃大喜，賞賚甚厚。王公貴戚，爭相延治。然未及數日，上疾復作，須再誦咒，初尚有驗，久之疾乃愈增，世芳亦無如何矣。未幾，遂棄天下。高宗在藩邸，固深疑之，忽憶數年前遊西京白雲觀，觀中一道士，酷類世芳，益灼然知非善類。且聆其陳奏，多幻妄不道語。既即位，立命誅之，縛至市曹，利刃不能入。監刑者出其不意，直刺其腹，砉然洞胸而入，死，乃斷其首而梟示焉。

齊世武之被酷刑

齊世武，滿洲人。康熙中官尚書，以勤幹為上所眷。嘗語諸大臣曰：「可以托六尺之孤，寄百里之命者，漢大臣惟有張鵬翮，滿大臣惟齊世武而已。」其親信如此。及理密親王被廢，世武以諂事王為罪，上怒極，命以鐵釘釘其五體於壁，號呼數日而後死。

湯文正筆記

光緒中，義州李文石葆恂，嘗以百錢於祥符書攤上，得睢州湯文正公筆記一冊，白紙行楷書凡十二條。首為蘇州府沿革之異，及官田稅重徵之所由。次為夏水平王、周太伯、吳伍大夫、宋韓忠武王廟祀。次辨稻粳異名，有箭子，紅蓮、穲稏、早白、烏口、師姑、稻航七種，及一熟再熟之別。次為吳中隱君子韓浹、處士顧有孝、朱鶴齡軼事。次為張文貞、汪堯峰，陳藹公、滿洲勒公、明公、邵戒、三儼老魏、蔚州李子靜、胡又弓翁、謂公、張運青，張曼園諸老，議論行事得失。次為興化知縣張可立治績，而吳縣知縣劉滋，宜興縣知縣蔡司霑軼事附焉。其考水利，南則記白茆、劉、孟三河，北則備載高堰、六減水壩、徐州南堤、王家山北堤、大谷山下河、射陽、平望、德勝、平喜、鵲仇、淤溪、淥洋、廣洋諸湖。其入領詹事，則詳記主敬殿講書儀注，靈臺郎董漢臣言事始末，翰林院學士庫勒納劾少詹事耿逸庵溺職，而以己四次諷逸庵避位書稿附之，終閣臣徐國柱乞退事，末寫《近思錄》第一卷。蓋隨筆遺興，未成之作，子孫重其手澤而附存之也。書凡四十八葉，雖無多，而所載皆康熙中中外大事，於史事極有關係。惜其本未刊，附識於此，冀留心掌故者訪求之。

黃京卿外交軼事

從前諸大老巨公之頑謬，有不可以情理解者。某公之巡撫江蘇也，正值中東和議甫定條約，開蘇為商埠。日員珍田舍已來議蘇租界事，指索閶門外地，諸大臣以閶門為姑蘇精華所萃，且民居市廛櫛比，不欲斥以與人，將以盤門外地與之。珍田執不可，往返駁詰，詞甚不遜。某公故以道學著稱，於國際法懵然無所知。蘇省又絕無外交人才，堪以折衝尊俎者。某公窘甚，不得已乞援於金陵。時江督劉忠誠尚未回任，張文襄方權南洋大臣印務。得某公諮，乃遣嘉應黃公度京卿遵憲往京師。既至蘇，珍田即日來謁於私宅，京卿謝不見，謂私邸非公議事地，約翌日於撫署會晤。屆期珍田陽陽來，寒暄一二語，即及界務。謂奉其政府訓令，指索閶門，斷無遷就理。若不得閶門，即當下旗回國，不再開議矣。

京卿但靜聽之，不置可否。俟珍田語畢，徐徐正色謂之曰：「吾輩今日所應辦者，第一事為互換憑證，不然不能認為外交人員，此國際定例，斷不能少紊者。吾來時已奉南洋大臣札諭，且此間撫軍亦有委札，當出以相示。君自貴國啟行時，自必奉有貴政府訓條，盍出以示我？」言已，即由懷中出兩札置案上。珍田出不意，次且良久，始囁嚅曰：「來時匆遽，竟忘攜訓條，君如不信，盍電達貴國駐使？向吾政府致詢，當知非矯偽也。」京卿侃然曰：「此何等大事，奈何忘之？君為外交人員，並此而不之知耶？信若是，則君在此地，但有私人資格，界務非所應言。為君計者，當即日回國，領訓條，再行來此會議。吾金陵尚有要差，不暇與君作無謂周旋，刻即登舟遄返，俟君再到時，方奉迓耳。」珍田始大沮，立辭出，次日遂行。及再至，則非復前日意氣，京卿隨機折辯，竟以盤門定議，且保全利權不少。其交涉員在杭州者，聞蘇事已定，亦不復有所爭執。

京卿與某公鄉試同年，自謂有此排難解紛之績，當蒙格外優禮。及覆命，且並無慰語，匆匆數言，即送京卿出，由是忌外交人才愈甚。嘗語其幕客曰：「吾固謂洋人非人類，不可以人道相待。君輩每病其言過甚，今何如耶？珍田來時，吾及諸君苦口嘵音，與之以禮相折，而彼反桀驁益甚。黃某來，不知作何等語，被遽肯帖然就範，一語不復爭執，為解葛盧始能解牛言，觀於此而益信。然如黃某者，他日使居要地，則雖以江蘇全省輕易與人，亦意中事，此等人安可使得志耶？」幕客皆匿笑，然不敢辨。及後戊戌政變，京卿方奉使日之命，尚留滬上未行，曾被某言官參奏，幾不免奇禍。後雖獲免，然竟廢不用，某公蓋有力焉。

祁文恪趣語

昔官工部時，壽陽祁文恪公世長為大司空。一日入署，余亦隨班持稿請畫諾。適江寧梅郎中壽陽，隨劉芝田、中丞瑞芬出使英法，差竣回國，是日到署銷差，詣堂上謁見文恪，長揖侍立。文恪詢姓字籍貫訖，卒然問曰：「君在驚波駭浪中，前後至四年有奇，亦良苦矣。今日復睹陸地，樂否？」梅對曰：「由英回國，海行不過月餘程，中間亦尚登陸換船，非盡水行也。」文恪愕然曰：「然則英國亦竟陸地耶？亦有室廬可居，穀粟可餐，如吾人世界耶？」梅忍笑而應曰：「唯唯。」文恪亦笑曰：「吾今日如讀未見書矣。向謂君等出使外國者，皆終歲居處舟中，不得見一片地土，今乃知其誤也。」都下相傳以為笑談。吾謂聞人言而自知其誤，究是君子所為。若在某公，則方以梅為妖言惑眾矣。

有清一代弈學小論

吾國弈學，至有清一代，人才甚盛。有清初葉，如盛大有、過伯齡、周懶予、汪漢年、周東侯、吳瑞徵等，俱名聞全國，為世所稱。與周、汪同時相抗者，則有李元兆、季心雪、周元服、姚籲儒、吳孔祥等輩，亦頗不弱。盛有《弈府陽秋》行世，過氏有《四子譜》行世。於倚蓋壓梁諸法，頗稱盡變。周懶予氏於朋輩中可謂獨出當行，伯齡不敵也，即漢年、東侯亦時屈焉。惟李氏元兆，取伯齡，懶予之成局，悉以揣摩曰：「懶予又勝也。」乃與懶予弈，凡十局而勝其六，時人異之。元兆謂懶予怯野戰，故以野戰勝之，言涉誇張，未足盡信也。應雙飛用兩壓法治懶予，識解之超，學者宗焉。漢年為弈，筆路精妙，雖狹庵短兵，不苦逼窄。始於東侯對壘，旗鼓相當，雄視一世。然後均負於懶予，始翻然改轍。東侯為弈，淋漓盡致，不可方物，同輩諸人不逮焉。其間黃我占、張呂陳、程仲寄、高欽如、朱士升、蕭幼白、卞邠原、楊汝炯、江君甫、僧野雪、許在中、戴臣野諸子，數有對壘之局，見於諸家弈譜，然不多概見，故名亦不彰。黃龍士以後起之秀，英俊精峭，一出而駕東侯之上，世稱其年十八即成國弈。蓋其姿之微妙，乃生而知之，非學而知之者矣。謂之天賦，誰曰不宜？人稱龍士如龍，東侯如虎，猶淺譬也。徐星友較之龍士，固嘗望塵不及，血淚篇十局（初與龍士三奕，龍士號受子十局血淚篇），未足拔幟立幟也。然三年刻苦，足不下樓，率至比肩，同稱國弈。著有《兼山堂譜》及《會聲園受子譜》行世。

其與龍士星友同時者，若江天遠、凌元渙、婁子恒、何暗公、謝友玉、周西侯、趙雨峰、黃稼書、吳來儀諸子，俱係名手，不同凡作。徐星友謂稼書為弈用意雅淡，大方正派。來儀艱深峭刻，極為擅場，非執盤盂就小邦之列者，所能彷彿一二，其推重如此，蓋可見矣。

自是以後，世人盛稱梁程、施范，奉為宗師。梁即梁魏今，程即程蘭如，二子同時齊名，實為施、范前輩。施定庵、范西屏同籍寧海，共推翹楚。施、范嘗謂俞永嘉能青出於蘭。梁亦有受范三子三局，施定庵亦幼時獲交梁、程先輩。受先數局，獲益良多。可見施、范嘗能師法前賢，故能超群軼眾。然四家之中，允推范氏為鉅子，袁簡齋至尊為弈聖。品學之高，學者無異言，年十六，即以第一手名天下。少年慧敏，前有龍士，後有介之（沈介之亦年十六即成國手），可稱三絕矣。

范氏而後，任渭南、施省三、周星垣、董鹿泉、金秋林、李湛源、楚桐隱、黃曉江、徐耀文、申立功、陳勝林、張介福、張春林，俱稱健者。桐隱與張芝楣有《合評藩景齋世譜約選》行世，徐耀文輯有《國朝弈匯》三卷，附著《稼書樓譜》一卷行世。

後之興者，陳小松、陳子仙齊名，世稱陳周，而介之不及焉。然介之之為弈，思致敏捷，落子如風雨，年十六即冠天下矣。小松為弈，平易近人，如老學究，著有《餐菊齋譜》及《皖遊弈萃》行世。子仙較之小松，頗足抗衡，今亦有《子仙百局》行於世。自是而後，型典日微，至有清末造，雖有丁禮民、張樂山尚存，亦無有以第一手名於天下者矣。弈之不進，可哀也夫！

錢南園之劾畢秋帆

昆明錢南園先生灃，為乾隆末年直臣第一人，惜其奏疏遺稿散佚，世所傳誦者，惟〈請復軍機舊制〉一疏，此外則不少概見。頃於抄本奏牘，得其參劾陝西巡撫畢秋帆一疏，亟錄存之。乾隆末，甘肅冒賑一案，侵蝕公私款項至數百萬。事發，總督司道以下，伏法者數十人，秋帆方為陝撫，具知其事，然以勒爾謹、王亶望，皆和坤死黨，秋帆亦奔走和門者，故明知而不敢言。南園此疏，足彰公論。其得罪於和，蓋自此始，不俟劾國泰而和已切齒於先生矣。其疏云：

為請究大吏瞻徇養患事：本年查辦甘肅折捐冒賑一案，作弊諸員，悉已治罪無遺。此案作俑，由於藩司，而縱以使成者總督。非有王亶望，則蔣全迪、程棟等無所施逞；非勒爾謹，則雖有王亶望謹亦莫之能為。凡諸弊端，皆緣大吏負恩所致。臣節次恭讀諭旨，處置諸人罪名，仁至義盡，愷惻詳明，凡有人心，孰不負膺感畏。但勒爾謹、王亶望、王延贊，雖已分別伏法，而現任陝西巡撫畢沅，前曾奉命署理督篆，以陝、甘接壤，折捐冒賑紛紛，肆行已久，宜有風聞。迨親握督篆，非一朝夕，一切錢糧案件，歸其核定諮題，當不啻燎如觀火，乃不亟思遏止。臣不敢謂其利令智昏，已受所餌，遂不能復直道而行。惟瞻徇前任，畏避遠嫌，明知積弊已深，不欲抉之自我，寧且隱忍以負朝廷，實非大臣居心之道。見其查辦揑結，道府無論正署久暫，但經出結，即無寬貸。誠以受恩深重，苟念不可為，自必力與矯異。向使此案早發一日，則稔惡何至此之深？入於刑辟之徒，亦可不致如此之眾。惟甘心從同，釀患至七八年，雖被重譴，其又何辭？況畢沅實屬督篆，非若官僅道府，猶可藉口以受制上司自解，是其罪較揑結各員，尤覺有增無減。臣愚昧之見，敬請敕下部臣，將畢沅比照諸臣嚴加議處，以昭憲典之平。而各省督撫大吏，益知所警惕，不敢習為瞻徇，久致養癰。云云。

疏上，畢終以有奧援故，竟免議處。然海內皆知先生敢言矣。先生之卒也，實以參閩督伍拉納貪婪縱恣，為和坤所格，不得施行，憤鬱遘疾，竟以不起。先生卒後，伍拉納旋以虧空案被逮。及先生靈輀而返滇時，道出菜市口，而伍亦以是日赴市就戮，囚車出城，適與丹旐相值，都人以為有天道也。

紀惠陵末命異聞

同治中，冊立皇后，孝貞后屬意孝哲，而孝欽獨喜侍郎鳳秀女，爭持不決，乃召穆宗，使自擇焉。上亦以孝哲為可，議遂定。鳳秀女封彗妃，孝欽意大怫。既不喜孝哲，因遷怒穆宗矣。孝哲氣度端凝，不苟言笑，故穆宗始終敬禮之。宮中無事，恒舉唐詩以試后，后隨口背誦如流，上益喜，伉儷綦篤。而居恒曾無褻容狎語，孝貞亦異常鍾愛。而孝欽則非常忿怒，每孝哲入見，從未嘗假以辭色。后遂禁約上不得入中宮，欲令慧妃專夕。顧上意亦不願常至慧妃宮中，遂終歲獨宿乾清宮，時時侘傺無聊。宮監輩乃導上為微行，往往雇街車輕騎，或出南城作狹邪遊。每自稱江西拔貢陳某，嘗與毛文達昶熙相遇於某酒肆中。上見文達尚微笑點首，文達色變趨出，亟告步軍統領某，以勇士十餘人，密隨左右。數日後，文達入對，上猶微誚其畏葸云。其後以痘疾竟棄天下，人猶疑為惡疾者，以此故也。孝哲既失西后歡，又驟遭此變，獨處宮中，艱困萬狀。賴孝貞時時召與語，所以撫育之者甚至。

清朝宮禁故事：諸妃嬪進御者，每夕由皇后預備膳牌呈上，上留某人牌，則召某人詣寢宮。其有入月及懷孕者，則撤去名牌。若天子欲行幸諸妃嬪宮，先時須由皇后傳諭某妃嬪，飭令預備，然後大駕始前往。其諭必鈐用皇后璽，若未傳諭，或有諭而未鈐璽，大駕雖至，然諸妃嬪得拒弗納。此蓋沿前明舊制。明世宗自楊金英變後，始定此制，蓋以防不測也。穆宗之寢疾也，已稍稍癒矣。一日忽思往慧妃宮中，以語孝哲。孝哲不可，上固求之，至長跽不起。孝哲不得已，乃鈐傳諭。上欣然往。次晨遽變證，召御醫入視，疾勢已不可為矣。孝哲以此自悔，其後決計身殉。固由不堪西后之虐，然亦緣此。

穆宗疾大漸，一日召軍機大臣侍郎李鴻藻入見寢宮。鴻藻既至，上立命召之入。時孝哲猶侍疾御榻側，將起引避。上止之曰：勿爾，師傅先帝老臣，汝乃門生媳婦，吾方有要言，何用回避耶。鴻藻免冠伏地，不敢仰視。上曰：師傅快起，此時豈講禮節耶。因執鴻藻手曰：朕疾不起矣。鴻藻失聲哭，后亦哭。上又止之曰：此非哭時，因顧后曰：朕倘不諱，必立嗣子，汝果屬意何人，盍速言之。孝哲對曰：天下多故，國賴長君，我實不願居太后之虛名，擁委裘之幼子，而貽宗社以實禍也。上莞爾曰：汝能知大義如此，吾無憂矣。乃與鴻藻謀，以貝勒載□最賢，令其入承大統，且口授遺詔，命鴻藻即御榻側書之，凡千餘言，所以防閒孝欽甚至。詔草成，上閱之，猶謂鴻藻曰：甚妥善，師傅可休息，明日或得一見也。鴻藻既出宮，戰慄無人色，立馳詣孝欽宮門請急對。孝欽召入，既見，即出詔草袖中以進。孝欽閱畢，怒不可遏。碎其紙擲之地，叱鴻藻出。旋命斷御前饍樂飲膳，不得入乾清宮。移時報上崩矣。嘗謂高陽此事，頗類唐裴炎之賣中宗。然中宗惑於豔妻，竟有以天下與後父之憤言。炎直諫不獲見聽，激而成廢昏立明之舉，猶是人情之應有。然未幾而負屍都市，妻子流徙。高陽則以舊學元老，身受穆宗殊遇，言聽計從，尊以師禮，豈中宗之於炎可比。而顧縮朒畏葸，不惜故君，以媚牝朝，乃竟以此策殊勳。膺上賞，晉位正卿，旋參揆席。雖中塗蹉跌，罷政柄，就閒地，而恩禮始終弗替。死后猶獲上諡，以視裴炎何禍福之不相同耶。天道無知，豈不信哉。此事關係覺羅氏興亡大局甚重，不佞聞之丹徒馬眉叔建忠。眉叔則李文忠幕客，親得諸文忠者也。戊戌政變后數日，六君子受命之夕，文忠與眉叔坐談，忽慨然曰：高陽之負國甚矣，今日之禍，皆高陽所貽也。眉叔請其說，文忠為述前事甚悉。不佞獲聞其厓略如此。

陳恪勤之詩案

康熙陳恪勤公鵬年，守蘇州，以峭直獲罪總督阿山。恪勤偶泛舟虎丘，賦詩兩首云：「雪艇松龕閱歲時，廿年蹤跡鳥魚知。春風再拂生公石，落照仍銜短薄祠。雨後萬松全合遝，雲中雙闕半迷離。夕佳亭上憑欄處，紅葉空山繞夢思。」其二云：「塵鞅刪餘半晌閒，青鞋布襪也看山。離宮路出雲霄上，法駕春留紫翠間。代謝已憐金氣盡，再來偏笑石頭頑。楝花風後遊人歇，一任漚盟數往還。」

阿山得其詩稿，乃密疏彈劾，謂恪勤陰有異志，非徒以文字訕謗而已。以原稿呈進，而逐句箋疏其旁。第一章首聯，則以「雪艇、松龕」皆名僧別號，而有明遺臣，大抵托跡空門，恪勤陰與往還，密圖恢復。「鳥」謂水鳥鷗鷺之屬，隱指臺灣鄭氏，言恪勤與鄭氏交通，二十餘年中，無日不密遞消息也。「雨後萬松」陰指故明宗室，弘光帝名由崧，故有「萬松」語。「雲中雙闕」，則指北朝宮室，「迷離」謂縹緲空虛，若有若無也。末聯則以明南京故宮中有亭名「夕佳」，故託以寄意。「紅葉」指明裔，蓋朱為明姓，「葉」則後裔之謂，言其心無日不思明也。次章首聯，謂以太守之貴，而「青鞋布襪」，為野人服，蓋明明有不屑本朝衣冠之意。「離宮」、「法駕」，仍指弘光而言。「金氣」、「代謝」一語，則以滿洲起東方，與金、元同族，當時且有後金之號。「代謝」已盡，則清將終之謂。末聯「漚盟」仍指鄭氏，謂恪勤陰與鄭經締盟，約其於春盡夏初來寇江浙，以北兵畏暑，盛夏不能南來也。

疏奏，得旨嚴加申斥，謂詩人托物寫興，豈必皆有寓意？阿山有意羅織，深文巧傅，冀興文字大獄，殊失聖朝寬大之意云云，恪勤竟獲免。使此事在雍正間者，族矣。

殿本《廿四史》之訛誤

曩讀武英殿本《廿四史》，惟《史》、《漢》、《國志》校勘無愧精審，《晉書》以次，則訛字不可枚舉。竊怪當日特頒內帑，設立書局，將已刊成定本，傳示萬世，而校勘諸臣，何以疏忽如此？其後乃知別有原因，並非無意為之。蓋校勘雖屬館臣，而督工監印，皆內務府司員為之，此輩與內監閹豎關係至為親密，照例一卷刊成，先以樣本進呈御覽。几餘展閱，偶見一二誤字，必以丹毫記出，並降旨申斥館臣。然雖降旨申斥，而上心則頗沾沾自喜。蓋當時館閣諸臣，皆海內名流，一時博雅之彥，然猶學識有所不及，必待御筆為之改正，是則聖學淵深，誠非臣工所仰企。故每經校出書中訛字，則是日宸衷悅豫。近侍雖有小過，亦不至於被譴。此曹乃授意內府諸員，故意多刊訛字，以待御筆舉正。然上雖喜校書，不過偶爾披閱，初非逐字讎校，且久而益厭。每樣本進呈，並不開視，輒以朱筆大書校過無誤，照本發印。司事者雖明知其訛誤，亦不敢擅行改刊矣。君主專制時代，左右贊御之側媚乃至如此，是真不可思議者已！

瓷經

王文簡《池北偶談》卷二十三，紀益都進士翟某，任江西饒州府推官，甚豪侈。嘗集窯戶，造《周易》一部，白地青字，楷法仿唐開成，甚精妙，凡數易乃成。蒲城王孝齊名綽者，漁洋宗人，官益都令，親見諸翟氏家中，嘗為漁洋言之，當非虛語。往時嘗讀乾隆時某說部，紀內務府郎中某，司榷九江，欲仿石經例，以瓷為《十三經》，督造數年，僅成《大學》一篇。某郎中罷官後，工亦遂停，造成者皆藏內府，此二事絕相類。某郎中挾國力為後盾，而所造者不及翟某十分之一，國初物力豐盈，可以想見。此事在歐西，則其物必寶藏博物院中，俾國人悉得瞻禮，而其人之名亦與之不朽。今竭數年之力，欲創千古所未有，然既成以後，一則貢諸天府，一則秘諸私家，且齗齗焉慮人之知，而巧偷豪奪也。蓋不得不密鐍深扃，使與人世隔絕。一但遭遇世變，則仍毀棄荊棘中。然則雖有此物，直與無之等耳。且並區區名字，亦不得托以不朽，其自為謀也亦拙甚矣。

吳漢槎晚年之困頓

吳漢槎以科場事遭冤獄，投荒二十有四年，垂老乃獲賜還。當時人莫不憐其才，悲其遇，而以生入玉門關為幸事。然漢槎在寧古塔時，歷任將軍，大抵皆慕其才華，延為上賓，飛書草檄，縱情詩酒，與在內地無殊。東省讀書人少，漢槎至，則官吏子弟及土人之志在科第者，皆就之執經問業，脩脯豐腴，養生之具，賴以無缺。及西歸後，晚年乃侘傺無聊，日為饑驅。且在邊塞，久習其風土，江南溽熱，反以為苦，卒以此致肺疾而終。臨歿時，語其子曰：「吾欲與汝射雉白山之麓，釣尺鯉松花江，挈歸供饌，手採庭下籬邊新蘑菰，付汝母作羹，以佐晚飧，豈可得耶？」一味其詞意，蓋轉不忘塞外之樂。以此知人生生計舒蹙，心境苦樂，與處境之窮通，迥非同事。讀此可悟莊生《齊物》之旨。

周弢父先生軼事

道、咸間，陽湖有周弢父先生，才氣縱橫，歷為林文忠、曾文正諸公賞識。其事業略與錢東平江同，而行誼之肫篤則過之。然人莫不知東平，卒少知有弢父者。弢父名騰虎，嫻經濟，工文辭。道光末，淮南鹺政久蠱，弢父上書鹺使者，言改革事宜，使者委信之，遂鳩金為倡，不適年致數巨萬，交遊麇至。座後聯大篋，貯朱提其中，語司計者曰：「吾客有取，雖多毋問也。」旋兵事起，鹽筴乃大負，債家索逋，咸自引任，不以累使與客。雷以誠督兵居泰州，聞其名，召至幕府與計事，弢甫言病農不可，徵商可，乃建議居貸一金者取若干厘，軍用饒裕。數十年名公巨卿，咸踵行其法勿變，度支增入億萬，卒平大亂。而始謀者乃一寒士，世莫能知，或且以屬之東平也。方東平之被殺，弢父抗聲數以誠曰：「若所為如是，奚可與一日處？我所以來，為欲明大義，救蒼生倒懸耳。豈助若耶？請從此辭。」以誠顏赧汗垂膪，亟長揖謝過，弢父不之顧，卒浩然去。

所著有《飧芍華館詩文》，其詠〈關將軍義馬行〉一首最奇偉。虎門之陷也，提督關忠節公天培死焉，坐馬為英人所得，每乘必咆哮跳踉，直負之以趨海。眾驚救之起，馬無恙而人溺斃矣。如此者數四，竟無一人敢乘者。粵人聞而義之，贖以歸，豢諸忠節祠中。其詩云：「將軍已死馬尚在，賊奴竟思騎而行。驀然踢空海雲裂，陽侯避浪馮夷驚。嗚呼將軍真壯士，養馬猶能識忠義。若教臨陣成大功，辟易應看走千騎。西風蕭蕭海波立，萬馬歸來汗流血。粵人重馬痛將軍，至竟揮戈欲殺賊。錦韉飾馬身，黃金絡馬頭。飄珠噴玉四蹄疾，平原苜蓿當清秋。伏櫪哀鳴志千里，文繡鹽車等閒事。秋風感激報恩心，側目蒼穹望箕尾。如龍之駿老天閒，壯士聞之盡拊髀。君不見，殿頭仗馬兀不動，日日恩叨大官奉。太平干羽舞兩階，籲雲奇氣成何用？」

〈獨行謠〉詩事

《王湘綺詩集》中〈獨行謠〉三十章，所賦道光、咸豐、同治三朝軼事最夥，與世間傳聞語有迥殊者。原詩本有注綦詳，今刊本俱刪去之，讀其詩不知為何語矣。爰摘其要者錄之，俾讀王詩者有所考焉。

鄭夢白中丞祖琛，十九成進士，以知縣即用，分發江西，到省即補星子。既履任，羞澀不肯坐堂皇，家人促之，或至啼哭。已數月，滯獄山積。其夫人乃與諸僕謀，紿以有客來拜，方肅衣冠出詣廳事，至屏門後，驟開屏，隸役數百人傳呼曰：「官升堂矣。」不得已，始入座。未幾折獄如流，一邑有神君之稱，遂被薦擢至粵西巡撫。自雍正朝設軍機處，派大臣行走，如唐平章事。然其時惟鄂、張兩相專對，他相取充位而已。鄂、張既歿，則惟領班一人得承清問，餘皆緘默無發言權。道光中，穆彰阿用事，最專且久，督撫奏事，先諮穆取進止，乃敢具疏。鴉片戰事既罷，宣宗以公私困乏，一意節省，聞其興發，輒不怡者累日。穆測上意，益務為叢脞，務上下相蒙，苟安無事。洪、楊亂起，鄭先以告穆，穆令秘不以聞。迨咸豐改元，亂益熾，不可諱，穆亦獲譴斥罷。鄭始聞，請自詣平樂討捕，於是言官劾鄭，褫其職，而代以鄒鳴鶴。

是時朝議洪、楊為么麼小盜，雖徵發諸道兵，不過數百人，總集三千餘人止矣。周天爵代鄒鳴鶴為巡撫，始奏言寇勢未可輕，請募二萬人為大舉。是時諸帥言兵，無逾周者，政府竟寢其議，周亦謝病歸，旋病卒。文宗思其忠，謂有曲突徙薪之識，特予謚文忠。周非庶吉士出身，而得謚文，以在籍大臣，而奉旨予溢，皆異數也。

賽尚阿在滿臣中，為能嫻文學，且服膺宗儒之說，夙著清正名。大臣賢貴，無逾賽者，故朝命出督師。賽馭下素寬，隸僕尤恣橫，沿途索賕，必滿其欲，州縣苦之。至嶽州，守令饋贈殊少，乃以臭鮝置肴饌中。賽大怒，自是遂所至與地方官齟齬矣。

咸豐二年四月，賊既由全州入永州，水道淺阻，不能直下，乃改遵陸。湖南兵備尤空虛，即駱秉章亦不知治兵為何事。長沙南郭，民居最夥，築土城護之。或議堅壁清野，駱將從其議，在籍侍郎羅繞典以為不可，乃已。寇迫省城時，駱、羅皆在土城上，幾為寇所獲。蕭朝貴以二千賊從攸醴來，駐軍城外，然城中絕無覺者。候補官某，乃至認為官軍，持名刺上謁，相見，且於袖中出《平寇方略》獻之。朝貴大笑，送之出。

石馬鋪屯陝西軍五百人，滿員福誠將之。五百人者，皆悍勇耐戰。而陝軍不能食稻，求麥麵不得，士皆饑疲。省中但嚴令出戰，自朝至日昃，兵士餒極，而援兵無一人至者，五百人盡沒焉。

長沙既閉城，於城東北設桔槔及長梯，以上下行人。賽尚阿由桂遁至湘，亦遵此以入。諸將卒出戰者，則縋以出。羅繞典好詼諧，為題曰：「出將入相」。湘綺自樂平歸，亦由此入城，其嫂左氏謔之曰：「城中買豬近鄉者，亦縋而入，其聲啞啞然也。」寇設旗幟白沙井，與楚勇營近。有人謂領將江忠源，宜往拔其幟，江曰：「彼有賊，那可往？」客言此但空營，中實無一賊。江掉首曰：「有旗烏能無賊？吾不墮彼術中。」寇攻南城，提督鮑起豹迎善化縣城隍偶像登城樓，與之對坐，人呼為鮑齋公。

三年二月，金陵被陷。先是江南有童謠曰：「丹桂插金瓶，無根總不成。」洪、楊軍略，以李開芳北犯之師為最勁，蓋實明初徐常北征成算。初議以開芳為西路，楊秀清為東路。西路之師由楊犯滁，徇鳳陽、歸德、開封、懷慶，繞山西、直隸，與東軍會於天津，而東則傍海北趨。秀清不欲北行，使副將林鳳翔代己，深入無援，故及於敗。然猶歷三年而後滅。此策不成，有以知其無能為也。

江忠源帥楚勇號截戰，當時有北勝南江之目，陷陣衝鋒，實恃其弟忠濟。迨往援江西，助守南昌，贛省饋犒軍銀二萬兩，忠濟盡取之，不以給軍士。軍士大噪，欲殺忠濟，忠源諭說百端乃已。遂斥忠濟歸，不使再領軍。忠濟去，楚軍弱矣。

三年九月，命惠親王綿愉為奉命大將軍，科爾沁郡王僧格林沁為參贊大臣，將健銳營出京剿賊。惠親王佩捷刀，僧格林沁佩訥庫尼素光刀，司道提鎮以下不用命，或失誤軍機者，皆得專戮。

曾文正之初敗於靖港也，湖南布政使徐有壬，按察使陶恩培，詳請撫臣奪其軍，參奏治罪。

俄而塔齊布以陸師大捷湘潭，撫臣乃不敢極言曾罪，然亦不敢論鮑起豹恇怯狀。既奉朱諭切責起豹，代之以塔齊布，而於曾請罪疏有溫慰詞，且云：「汝此時心搖搖如懸旌，平日自命養氣之功何在？」又令奏調司道大員隨軍支應。徐、陶聞之，皆來謁曾，頓首稱死罪。

羅澤南初將陸師，並不敢一戰，惟從塔軍後觀戰壯聲而已。一日寇驟來，攻羅營甚急，不及請援於塔，遂開營與戰，竟獲大捷。自此遂為勁旅，與塔齊名矣。

楊霈為湖廣總督。霈家居京師，少通任俠。及為廣州守，以千金購一紅毛大鏡，徑丈有五尺，將以饋定郡王載銓。然為物過巨，慮招物議，未敢顯然致送。乃由海道運至京邸，囑兄子某，往訪某甲。某甲者，京師無賴子，居城西陋巷中，與乞兒椎埋伍者也。兄子尋數日始得之，告以故，甲聞霈名，已不復省記。良久乃悟曰：「若楊八侄耶？審爾，其以鏡舁送城外某寺中，付僧某手，勿問我所為，時至自相告也。」如其言，數日無耗，以為鏡已被騙矣。欲往詢某甲，又念其戒，不敢往。一日晨起，甲忽來語兄子曰：「鏡在定王府旁某器物鋪中，汝可自往致送。吾已以始末面告王，徑往無患也。」兄子大驚，問其故，則乘某巨室出殯城外，喪車返時，庋鏡其中以入城矣。霈交遊行事，大抵類此，不可謂非奇士。然用不以正，故卒致敗。

霈正駐軍廣濟，倏聞湘軍敗，大恐，棄廣濟走德安，軍遂潰散。霈獨與親軍數百人俱，過省城不入。武昌守備單弱，聞霈至，邀入城助守，霈不可，委之而去。時陶恩培已擢鄂撫，恩培不知兵，驕橫甚，方以元日索銀壺蒸人參不得，怒詈江夏令，欲稟參之。司道方相緩頰，驟報賊已至城外。恩培倉皇不知所措，惟禱神呼天，痛詈楊霈誤我而已。城陷，遂被戕，猶獲優恤，謚文節。

四年十二月，上賜曾國藩御服黃裏貂馬褂。甫頒到之翌日，寇以小舟夜劫督師坐船，取其服而去，國藩噤不敢言。

戊午科場案後，又有官錢店虧空一案。肅順方長戶部，主窮治曹郎，多入獄者。店凡五所，皆以宇為號，議者謂宇內方一統，今分為五，此四夷猾夏之兆。

英人陷廣州虜葉名琛也，朝廷命僧格林沁督海防津沽，怡鄭肅以僧外藩輕之，僧亦不敢有所論列。且不知上意於和戰，究孰主，憂之甚。及陛辭，上親酌酒以賜曰：「汝飲盡此杯，祝汝獲全勝。」乃知上意果主戰。至津匿精銳，示羸弱以誘敵，遂拔樁直入，伏兵炮大起，擊沉其二舶，損其二舶，餘十艘出口去，停朝鮮海岸半載。益買馬習陸戰。而僧自得勝後，氣益驕。郭嵩燾在其幕府，以書告湘綺曰：「戰勝而人心愈餒，亡無日矣。」及敵再至，果大敗。其後討捻寇，縱掠男婦，民相率哭訴轅門，僧蹙額曰：「北軍離家久，汝輩曷少避之？」以是大失北方民心。僧之為將也，喜深入而吝爵賞，將士無不憤怨，其後驟遇勁敵，僧輕兵先將士馳入敵陣，諸將未交綏，即紛紛鳥獸散，軍遂大敗，僧亦被戕。

九年，石達開以金陵內訌，自帥師出犯江西、湖南、兩廣之交，遂圍寶慶，眾號五十萬，所過三日夜人馬不絕。時湘軍暮氣漸深，已不能戰。而湖北遣李續賓來援，尤驕庸。巡撫虛心以聽，屯資水北，數十日不問戰事。湖南諸軍屯資水南，亦不敢與續賓異同。久之寇潰而走，官軍潰而奔。是時石達開若直下攻長沙，湖南必可全有。湘軍根據盡失，而金陵之勢立振。雖有曾胡，天下事尚未知誰屬也。軍興以來，此役可謂天幸第一事矣。

何桂清既失蘇、常，時議皆主以曾文正任江督，而貴近臣皆不欲也。肅順語湘綺，謂當時入對，力言江督非曾不可。而漢軍機大臣匡源則奏稱今日江南糜爛，非獨何桂清一人之咎，何既不能定亂，即曾亦必不能定亂。然何較曾尚明練，宜留任以觀後效。上頷之，遂罷易帥之議，而責何以恢復。既而言者爭論不已，始命曾開府於東流焉。

程學啟之降也，與所部數百人，俱嚴裝持滿，叩曾貞幹壁呼曰：「我來降，追者在後，故不能釋兵，信我可開壁相迎，不信則請發炮相擊，免使我死賊手也。」曾聞之，遽屣履出視，傳呼開壘門納之。程以此感貞幹甚，誓效死以報。

湘綺在南海聽歌，遇南寧一女子，賞之，買為妾。於是東南諸帥，皆騰書相告。後湘綺北歸，以其事語曾文正曰：「買一妾耳，乃至名動七省督撫。」文正先亦納一姬，長沙老儒丁果臣取忠貽書爭之。文正聞湘綺言，率然問曰：「君作爾許事，不畏丁果臣耶？」湘綺曰：「已先告之矣。」文正大笑曰：「幸賴奏明在案也。」然丁雖崖岸高峻，動以禮法繩人，而已則好觀人家姬妾。湘綺既納妾，丁來賀，湘綺呼妾出拜，復欲拉丁入臥室，丁固不肯。湘綺常舉以語人曰：「丁果臣且不欲再見，則其貌可知矣。」湘綺族某君，亦納姬，或規之曰：「志士枕戈之秋，不宜沈溺宴安。」湘綺曰：「此大易事，即名之曰戈兒，以示不忘在莒之義可也。」

金陵既下，文正奏言初疑寇有積金，可助國用。後嚴密搜求，乃知全係讆言，絕不足信。然恭王嘗對人言張文祥刺馬新貽一案，言人人殊，太常寺少卿武昌王家璧，至密疏上聞，以為系蘇撫丁日昌所主使，則荒杳甚矣。

咸豐年間，軍機大臣四人，吏部右侍郎杜翰班最末。一日吏部左侍郎出缺，樞臣進見，開單請上補授。上曰：「杜翰可轉左。」故事，當免冠頓首謝恩，眾疑杜翰聞上言何不動，顧視之，則已熟睡矣。上亦大笑，命推之醒。蓋依例止領袖一人奏對，在後皆緘口，歷時稍久，則酣然入夢也。

孝欽與肅順齟齬之始

方咸豐末，肅順以戶部司員，不數年驟躋協揆尚書，入贊樞密，得君甚專，不時得入內廷。諸妃嬪皆謹事之，孝欽時亦在貫魚列，不能獨異也。庚申七月，英法兵犯淀園，上倉皇出狩，得宮中一車以行。后妃嬪御，悉雇市上車相從。車既敝舊，騾尤羸瘠，且急驅兼程，乘者不勝其苦。及次月入山行，崎嶇升降，痛瘏益甚，簸盪愈不可耐。孝欽方在車中啜泣，忽睹肅順騾馬自車旁徑過，急搴呼之曰：「六爺，吾車敝極，盍為我易一堅好者？」肅漫應曰：「中途安所得車？俟前站再議可也。」須臾至某鎮市少憩。孝欽使呼肅順，則方在上前奏事，內監俟其退，語以故。肅不顧曰：「此何時，吾尚有暇辦關防差使耶？」（后妃所乘車謂之關防車）有頃，復啟行，適肅騎又過孝欽車旁，孝欽涕泣乞請，肅厲色曰：「危難中那比承平時，且此間何處求新車，得舊者已厚幸矣，爾不觀中宮亦雇街車，其羸敝亦與爾車等耳。爾何人？乃思駕中宮上耶？」孝欽尚欲有言，肅已策馬去數十步外矣。孝欽雖不敢言，然由是深銜肅。

包安吳〈都劇賦〉

都門菊部，甲於宇內，百餘年前，即已如此。而前輩詩文集中，未有以雅詞形諸歌詠者。惟包安吳管情三丈，有〈都劇賦〉一首，賦嘉慶中葉茶園故事，詞極雅麗，讀之亦可考見今昔社會風氣遷轉同異之跡，爰摭之以實吾書。其序云：「嘉慶十四年春，予以隨計始至都下，夙聞俳優最盛，好事招邀遍閱各部。其開座賣劇者名茶園，午後開場，至酉而散。若慶賀雅集，召賓客則名堂會，辰開亦酉散（按：此知嘉、道中堂會尚無夜劇也）。其為地度中建臺，臺前平地名池，對臺為廳，三面皆環以樓。堂會以尊客坐池前近臺，茶園則池內以人計算，樓上以席起算。故平坐池內者，多市井儇儈，樓上人謔之曰下井。若衣冠之士，無不登樓。樓近劇場，右邊者名上場門，近左邊者名下場門，皆呼官座，而下場門尤貴重，大抵達官少年前期所豫定。堂會在右樓為女座，前垂竹簾（按：女座在樓上，今猶然，然不分左右，竹簾則無之久矣），樓上所賞者，《半目挑心招》、《鑽穴逾牆》諸劇，女座尤甚。池內所賞，則爭奪戰鬥，攻伐劫殺之事。故諸劇常令文武疏密相間，其所演故事，多依《水滸傳》、《金瓶梅》兩書，《西遊記》亦間有之（按：《金瓶梅》劇自同治以來即已輟演）。自師涓作靡靡之聲，至於戰國，雅樂漸廢，入秦而滅。漢氏以來，梨園惟唐代最盛。然老師宿儒，按其圖籍，所謂立部坐部者，自冠履皆悉其制，遑問節奏腠理乎？奇渥之世，始有院本，雖多不經之談，抑以闡揚忠臣孝子、義夫節婦之行誼，所謂聞其聲不如盡其容者，殆亦古樂之遺意歟？《荀子》曰：『奸聲感人而逆氣應之，逆氣成象而亂生。』又樂姚冶以險，則民流僈鄙賤矣，流僈則亂，鄙賤則爭。《詩序》曰：『治世之音安以樂，其政和；亂世之音怨以怒，其政乖。』方今苞苴不行，自宰輔而下，皆以室家為憂，小民不得於其長官，往往赴訴於都，而大臣馳驅萬里，為鞫其實，可謂治世而政和。顧聲樂如此，意者傅武仲所云『餘日怡蕩，非以風民而無害』者乎？（按：《荀子》曰此一段，譏諷時事，具有微辭，亦可見百餘年前都門菊部已盛行急微噍殺之音矣。）故為之賦。事物名稱，皆用方言紀實，使後世得以鏡覽焉。賦曰：

翳賤子之計偕，塊獨處而不適。薄伯玉之買琴，鄙子美之欲炙。閒步大柵，茶園賣劇；市過騾馬，堂會召客（按：騾馬市湖廣會館，今尚為堂會集中最繁盛處）。則見兩門四柱，方臺作場；臺後連廈，是為戲房。池列臺前，蔭屋隆敞；走樓向抱，客座環張。乃召梨園，徽西分儕（按：徽戲之見諸題詠者，以此為最先）；徽班映麗，始自石牌。蘇揚兩部，附名尤佳。丑色用京，滑稽善諧；隨口對白，謔浪抒懷。乃有南國優販，妙選子弟，首工京話，語音柔脆。次習酬酢，手口之態。衣香若蘭，膚滑若脂。儀態萬方，素女是師。讀曲按歌，宮商未辨。弦吟板激，珠累喉卷。有聲無辭，洞微達遠。弓鞋細步，宜爾婉戀。於是合班分股，認領行頭。金盔吐火，鎖甲凌秋。冠飛滇翠，帶束吳鈎。鸞扇日耀，舞袖雲修。褻裳袒服，軼麗罕儔。莫不郎來灌口，女現巫邱。至萬匯之像生，錫嘉名者砌抹。侏儒十圍，長人九約；山魈六臂，水妖八腳。龍虎飛騰，狻猊拿搏。帳殿揩雲，假山聳崿。藉孔訇洞，蛛網路索。豐狐驚草，長蛇盤幕。徑統豆棚，階翻蘭藥。錦衾角枕，宛如繡閣。於是進揖老郎，測景向中，巾髭並施，粉墨殊工。旗收五色，鼓發三通。乃開早出，觱栗聲洪。間以小戲，梆子二黃。忽出群美，眩耀全堂。中出又變，矛戟森縱。承以么妙，雙雌求雄。綴裘六齣，全套兩終。大齣續開，官座遂空。其中則有名部靚妝，倚門斜了，睇樓上之古歡，遂蹙口而叫好。環三面以繼聲，若連珠而試炮。亦有麗人窄束。登場狂呼，冠忠義於寇仇，指劫殺為丈夫，剸刃逼迫，灑血模糊，哄滿堂以喝采，爰變好而呼烏。或雜十錦，絕藝爭秀，袂接高蹺，人舞雙頭。五圈十卵，參連筋斗。飛蹺奔星，躍馬盪舟。鬼魅出沒，火焰橫流。爾乃演完牌派，卸妝便捷。登樓訪舊，窺簾勞睫。一膝初彎，兩股遂疊。池人仰視，座鄰面熱。飛來飛去，羅浮仙蝶。泥訂晚飧，不論開發。粵若請分折簡，名堂高會；簾垂右樓，媚於閫內。久閒深閨，乍招儕輩；冶容盡飾，以驕優墜。壓領三重，衮邊五派；朝珠補服，助作嬌態。劇至午後，漸及鄙穢，桑中鬢鬟，柳陰解襘。垂簾忽捲，風暖微碎，互論妍媸，各矜寵愛。迨至日薄西山，寒風遞薦，堂會客稀，茶園人散。驪駒在門，華轂交亂；競赴飯莊，重申繾綣。雅座宜賓，尤珍

89　包安吳〈都劇賦〉

獨院，方戀藏鉤，莫知傳箭。更有移尊優寓，為樂永宵；群居未協，劇飲方豪。履舄交錯，薌澤招邀；歸炫所歡，揖我當僄。是故觀光佳士，自分箸作。或以題名興高，或以落第神索。漸看囊而羞澀，繼胠篋以單薄。逢人飾詞，見金便攫；不恤詭隨，趨填欲壑。以選謌常調，索米京職；揮金買笑，輪指奮翻。短票屢轉，對扣何惜？取常窮簷，任意羅織。比肩宜岸，相望絕域；舉國若狂，淪胥相委。前轍初覆，後旗復靡。惟首善之名區，表萬方以仰止；信文武所不能，道一張而一弛。

孫淵如、洪北江嗜秦音

吾國今日歌曲，以徽腔、秦腔為兩大宗。徽腔，即二黃；秦腔，梆子。士大夫多喜聽徽劇。秦音則販夫、走卒、婦人、孺子鮮不嗜之。昔惟盛行北方，今江表已成普通歌曲矣。厭之者謂其急微噍殺，非曰北鄙殺伐之聲，即曰亡國之音哀以思，幾乎舉世非之。然秦腔之興，實在徽劇以前。方乾隆中葉，已大昌於京師，孫淵如、洪北江皆酷嗜之。昔在京師廠肆某書店中，曾見一小冊，署曰《秦雲小譜》（此二十三年前事，其名似是此四字），皆畢秋帆撫陝時，長安妙伶小傳，其人悉工秦腔。中述孫、洪兩先生言，謂吾國所有歌曲，高者僅中商音，間有一二語闌入宮調，而全體則愧不能。惟秦中梆子，則無問生旦淨末，開口即黃鐘大呂之中聲，無一字溷入商徵，蓋出於天籟之自然，非人力所強為。因推論國運與樂曲盛衰相繫之故，謂崑曲盛於明末，清惻宛轉，聞之輒為淚下，所謂「亡國之音哀以思」者，正指此言。及乾隆中葉，為有清氣運鼎盛之時，人心樂愷，形諸樂律，秦腔適應運而起，雍容圓厚，所謂諷諷治世之音者也。按此語與近人所論，直如南北兩極之反對矣。余不知樂，且亦厭聞梆子，然由此知時人所論，亦不過周內比附之詞，非能果有真識也。世有萬寶常其人者乎？予日望之矣。

和珅婢妾服御之侈

安吳集中，有〈司盥項鎖賦〉一首，為和珅作也。揚州玉肆，有圈鎖一具，圈式作海棠四瓣，當項一瓣，彎長七寸，瓣梢各鑲貓睛寶石一顆，掩鉤搭可脫卸；當胸一瓣，彎長六寸，瓣梢各鑲紅寶石一顆，掩機鈕可疊。左右兩瓣，各長五寸，皆鑿金為榆梅，俯仰以銜東珠。兩花蒂相接之處，間以鼓釘金環東珠。凡三十六顆，每顆重七分，各為一節，一節可轉為四。玉環者九環，上屬圈，下屬鎖。鎖橫徑四寸，式以海棠，翡地周翠，刻翠為水藻，刻翡為捧洗美人妝。其背鐫「乾隆戊申造，賞第三妾院侍姬第四司盥」十六字。鎖下垂東珠九鎏，各九珠，藍寶石為墜腳，長約當臍。估客云：「某寺尼所寄售也。」尼少侍貴人愛姬入都，鎖所鐫，即姬小像。貴人既敗，尼以婢故得自贖，脫籍歸南中，驚悸，捨身為比丘尼矣。覽其幹質珍麗，製作工巧，為值蓋累萬也。重臺下婢，奔僭如是，他物稱之，民何以堪？自戊申以訖嘉慶戊辰，僅二十年耳（按：戊申為乾隆五十三年，正和相柄國時也。戊辰為嘉慶十三年，慎翁始得而見之），金玉滿堂，不之能守。老氏明戒，其在斯矣。故為之賦曰：

金揀句驪，珠浮鴨淥。滇池浸翠，蔥嶺韞玉。砂摩寶抵，泉淬麥谷。式冠都市，工徵吳局。構心分衻，鑿金為房。明珠六六，轆轤流光。九環上屬，一鎖下橫。翠圍如羽，翡洞似舫。面寫真容，背紀班行。蝤蠐深押，喜溢清揚。則有南國麗娃，心容兼善。舞解外旋，歌稱內轉。爰從小星，來實箋館。匪曰青衣，姬姜是選，何以定情？上服司盥。爾乃聲應佩璲，色耀飛鬟；細步增妍，巧笑殊觀。肅承盥匜，矯若翔鸞；進退輝映，如月在湍。卑以就濯，玉膝知寒；高以接漱，玉腕知酸。以答姬愛，以永郎歡。富甚寵隆，時移勢改；火燼煙沉，人非物在。原夫東珠禁服，惟嵌朝頂；重限三分，貴臻極品。誰其汰恣，犯上無等。重倍有差，用飾婢頸。民脂民膏，取以鞭梃。獻之豪右，恣其淫聘。身陷霧露，名齊梟獍。豔妻愛子，給役鐵領。誰睹不詳？殷鑒是省。

按吾國民財之窮，實由乾、嘉之間，繇天下而輸入內府，為其間接之過，度人者則諸贓吏皆有力焉，而和珅其尤也。慎翁此賦，豈徒作《天水冰山錄觀》已哉？

碧雲簫

管情三丈，又有〈碧雲簫賦〉。橫塘畢郎，吳中善歌者也。貌昳麗冠儕輩，度曲窮極要眇。一時伶工悉為斂手。偶遊專諸巷，一古物肆中，有簫名碧雲，以雲南翡翠玉整段為之。玉色純綠，嫩如鸚鵡頸毛，水氣透澈裏表，煥發蕩漾，稀世珍也。問其值，奇昂，力不能有，試取調之，則工尺準的，沉亮無比。對門小樓上，一姝居焉，畢過其下，輒搴簾俯窺，彷彿豔絕。詗之，知為良家女，依母待聘者。試命媒媼往通辭，其母言必得簫押庚，事乃可諧。媒氏返命，畢不得已，貨其產，得六千金，遂購簫親持之，偕媒氏往。女母言前言戲之耳，今竟如所請，足見郎深情矣。即脫女腕白漢玉釧為答，擇期以女歸畢，簫媵焉。畢故有大婦，亦美而知樂，然色藝俱遜女。畢舊畜棗皮漢鐧、金鐵蕉、白端、湘妃竹四簫，皆精好中律呂，然合之不足當碧雲。爰築樓以居女，庋簫其中，謂之二寶。倦翁為賦，精楷書之，俾鐫諸畫。道光辛巳八月事也。賦云：

滇西之山，高峻無極。瘴霧亙四時，采雲凝五色。叢千年之奇木，疊百仞之怪石。日月過而虧明，霜雪降而不釋。乃韞石英，厥色正碧。逐暴雨之崩洪，止深淵以養澤。胞作文虎，紫毛四磔。泅入黿鼉之宮，漚出蛟龍之宅。剖萬璞而見寶，獲全綠而盈尺。鳩工較巧，相材論協。鑽作洞簫，勻員備法。缺上氣通，貫尾條接。五孔得聲，底眼獨擪。萬里不脛，吳市驚懾。有盡室之姝婿，慰傾心以麗妾。異海上之碧雲，方溝中之紅葉。於是歡顏如莪，細君似玉；攜手畹眉，憑肩池角；俯悵深苔，仰憐修竹。激清商而怨遙，命哀絲而傷促。爾乃精婢祁祁，細步肅肅；雙移繡凳，對抽象櫝。發宋錦以騰采，豔孔屏之迎旭；審密理之藏暉，藹露葉以承燭；唇近管而逾朱，指依孔而先綠。爰蹙口以和宮，待成聲而取窄。乍依乍違，如思如繹，延曼則晴絲空裊，嘽緩則簷溜驟劇；噍殺則風力悽愴，幽咽則雪花淅瀝。擅新調以名勾，唯人聲之所適；羌引喉以沉細，旋發齒而壯激；和出澗之泉清，寫流天之月白。曲終斂衽，中無留液。雲河直戶，露氣侵足。微轉璚佩，言歸金屋。環張鏡燈，平鋪鸞褥。嗔釵長之掛纓，嫌圈垂而弛服。則有舞姬並進，鞠躞步蹙，腰比柳纖，舌同鶯轉；落花隨風，發容應曲。曲曰：「竹不如肉，移肉就玉；就玉金竹，舍玉就肉。以奉夫子，受此百福。

此事韻絕，惜不得湯臨川、孔東塘其人，為之譜作傳奇。

名人軼事

佚名

第一卷

塔與鄭經書

鄭經之初立也，清廷遣疆吏貽書招之，經請如琉球、朝鮮例，不登岸，不剃髮，不易衣冠，議遂中輟。至三藩既平，賴塔復與經書曰：「自海上用兵以來，朝廷屢下招撫之令，而議終不成，皆由封疆諸臣，執泥削髮登岸，彼此齟齬臺灣本非中國版籍，足下父子自闢荊榛，且眷懷勝國，未嘗如吳三桂之僭妄，本朝亦何惜海外一彈丸地，不聽田橫壯士，逍遙其間乎？今三藩殄滅，中外一家，豪傑識時，必不復思噓已灰之燄，毒瘡痍之民。若能保境息兵，則從此不必登岸，不必剃髮，不必易衣冠，稱臣入貢可也，不稱臣不入貢亦可也。以臺灣為箕子之朝鮮，為徐福之日本，與世無患，與人無爭，而沿海生靈，永息塗炭，惟足下圖之。」經報書請如約，惟欲留海澄為互市公所，而姚啟聖持不可，議復寢。啟聖督閩，務欲滅鄭氏收臺灣為功，數遣刺客謀暗殺，事皆無效，經亦尋卒。於是王位繼承之爭起，鄭氏遂敗。

李馬奔與西班牙之戰爭

明室叔季時代，中國國民有以一私人之勢力，與歐洲雄國為敵者，後則鄭成功之與荷蘭，而前則李馬奔之與西班牙是也。鄭成功海外之經營，史乘已略而不詳。若李馬奔者，三百年來，姓名久已湮沒，亦可想見吾國民族，對於艱苦卓絕之殖民家，崇拜思想殊形淡薄也。余故亟述之，以告來者。李馬奔者，泉州人，故海賊渠魁，數出沒遠近，從事劫奪。會海上有帆船來自馬尼剌者，為馬奔所掠，馬奔即以捕虜為嚮導，率帆船武裝者六十二艘，水陸兵各二千，婦女千有五百，進征菲律賓。萬曆二年冬（一五七四年十一月二十九日），艦隊達馬尼剌灣，馬奔使部將日本人莊公（Seaco）將兵六百先入。時暴風起，舟多覆者，溺殺幾二百人。莊公以殘兵薄馬尼剌城外，進殪西班牙副將，西兵走保桑的亞哥（Santiago）。會援軍一隊至，莊公以為大軍也，稍稍引退。西兵乘勢追擊，血戰亙數時。莊公收敗卒，退合李馬奔之本營。時勒迦斯比已死，其孫溫薩爾塞特，方經略呂宋北部。及中國兵迫馬尼剌，急還謀防禦之策，兩軍戰備已就，馬奔集部將，下進擊之令。莊公引兵千五百人登岸，縱火市街，圍其堡壘，而艦隊自港外發炮助攻。莊公遂以所部入城，西軍殊死戰，莊公陣歿。馬奔復發兵五百繼之，終無功而退。於是馬奔收餘眾，航呂宋島西岸，數日至亞格諾（Agno）河口，降服土人，得河上四里地，築城居焉。溫薩爾塞特聞之，復大舉來薄。馬奔知不敵，乃留兵城中，牽制敵軍，而乘間出海遁，其留者走匿深山間。至今菲律賓有伊哥羅德支那人種（Igarrots Chinese）者，其苗裔也。近日無知少年，拾外人餘唾，動詆吾國民族，無尚武性質，觀於鄭李之故事，當亦爽然若失矣。

林文忠之讜論

龔璱人名振都下，朝貴倒屣交迎，而口若懸河，每及當世事，縱橫陳說，四座皆喑，與之訐難，鮮不辟易者。一日觴於某貴人第，座有林文忠。定盦席次，談天雕龍之辯，風起泉湧，眾唯唯，而深厭苦之。酒數行，坐客有言部胥多奸人者，長喟不已。文忠笑曰：「君何易視奸人乃爾？而以若輩當之。」某曰：「何謂也？」公曰：「子真未之知乎？吾與子言奸人。夫奸人者，言人所不敢言，為人所不忍為，如公孫宏期年化俗，尚以為遲，安石萬書言自擬伊傅，秦檜我有二策可以聳動天下之類是也。蓋輦轂之前，人文所聚，而彼輩乃大言不忌，自信之堅如此，亦非真有過人之材也。不過見當時人才脆薄，學識猥陋，故肆無忌憚，挾其術以沽名獵位，眩其學以動眾驚俗，一日得志，殃民生而敗國是。如此輩者，心逆而險，行偽而堅，老成謀國在所必誅者是也。此之謂奸人，君惡得以區區刀筆吏為奸人哉？」言已，滿座改容稱善。定盦頗自矜持，聞者謂非文忠森嚴聳切之論，未易折服之云。

兔園

畢秋帆沅開府秦中，幕下時彥，各挾龍陽，多負寵而驕，時與皂隸齟齬，僕從遂動輒得咎。公聞之，不勝其擾，而無如何，諸食客知公之同所好也（說部《品花寶鑑》中之田春航與蘇蕙芳即敘畢公與李伶事也。），各縱之交爭而不問，且陰觀其賭勝以為樂。一日公怒甚，於座上正色曰：「快傳中軍兵將來。」眾不知其故，鄭重以請。公曰：「署中兔子太多，喚中軍與我全行打出，為諸君圖清淨也。」眾默然，斷袖之爭因以戢。後公移鎮汴梁，幕下男風復競，公怒如前。有老宿在座，徐曰：「是間恐非大帥兵威所能奏凱也。」公曰：「何故？」客曰：「此處本梁孝王兔園也。」語未終，舉座譁然，公怒亦霽。上有好者，下必甚焉，是故居高位者，不可以不慎。

日本詩人題《鄭延平焚儒服圖》詩

明末遺臣力圖恢復，捐軀殉國者，先後相望。求其才略冠世，戰功卓著，其事業道德，猶足垂法千古，當首推鄭延平王鄭成功。成功者，芝龍之子，而其母故日本肥前田川氏之女也。唐王之立於鄭氏也，成功以年少材武得倖，賜國姓，世謂之國姓爺。唐王曾撫成功背曰：「惜無一女配卿，卿當盡忠吾家。」因改姓朱，儀同駙馬，尋封忠孝伯。芝龍之降也，成功痛哭而諫，芝龍不聽，成功母抗節死。成功初以讀書為事，未曾預兵柄，至是慷慨募兵，焚所著儒服，拜辭孔廟，乘巨船而去。後成功竟以臺灣之役，使國姓爺（Roksing Koxiga）之名，顯於歐洲。

近見某書館所編英文法中有海盜鄭成功一語，吾國新學少年，於國史素未研究，拾西人餘唾，以為獨得之秘，無識可嗤。日本人以康公我之自出，故豔稱之。至謂中國四萬萬人，不能為明室報仇雪恥，獨賴半個日本人，具此赤心血性，以點綴明室三百年之結局。成功母，日本女，故云。近見日詩人藤森大雅有《鄭延平焚儒服》詩，慷慨激昂，特採之以勖吾國民焉。詩曰：「朱火欲熸國步難，殺氣腥羶白日昏。萬歲山頭哭龍髯，延秋門外哀王孫。黨禍紛紛擊且掊，四海士氣斲喪久。草章偷活何奄奄，崩角稽首惟恐後。延平郡王真男兒，忠義之心確不移。一死酬恩無反顧，一木欲支大廈欹。慷慨倡義意激烈，先師廟前矢立節。脫卻儒衣付焚如，仰天低回瀝心血。昔為孺子今孤臣，向背去留異所遵。旁人乍聽心潛動，嗚咽無聲氣自振。嗚呼志業雖不遂，足為萬世鼓忠義。君不聞此子受生日域中，山川鍾秀膽氣雄。又不聞母氏清操亦奇特，泉城烈死驚異域。母教自古賢哲多，何況男兒性所得？莫怪金陵喪敗氣猶剛，直取雞籠作金湯。戈鋋一揮紫颺息，鱷魚遠徙鯨鯢僵。三世供奉明正朔，衣冠堂堂四十霜。永為臣子示儀表，昭回並懸日月光。」

鄭成功遺詩

明季鄭成功氏，明末漢種中一奇男子也。雖事之成不如其志，然當神州陸沈之後，猶得據海南一片土，其所建樹，亦足以表白於天下矣。近有人見其手書詩一律，詩字皆佳絕。良稀世之寶也。其詩曰：「破屋荒畦趁水灣，行人漸少鳥聲閒，偶迷沙路曾來處，始踏苔巖常望山。樵戶秋深知露冷，僧扉晝靜任雲關。霜林猶愛新紅好，更入風泉亂壑間。」嗟乎！英雄所留剩之遺蹟，一鱗一爪，無不可珍，況其發自性靈，而形之聲律，見於文字者乎？近人林廉訪鶴雲，臺北避亂內渡，返廈，謁江口鄭氏廟，題詩云：「海山蒼莽水泱泱，二百年來舊戰場。賜姓延平有遺廟，草堂諸葛尚南陽。望斷燕雲十六州，書生涕淚海天愁。重瀛締造披榛昧，同抱東南半壁憂。扶襟海砦大王雄，富貴還鄉不負公。憑弔沛中諸父老，登臺如見舊歌風。」氣象沉鬱，詞意悲壯，撫今懷古，不盡低徊矣。

李秀成感事詩

李秀成亦工翰墨，喜親文士，據蘇州後，常月夜泛舟虎丘，引懷覓句。金陵被圍已久，李恒西望咨嗟，憂形於色。或有勸進者，則怫然拒之。有感事詩兩律云：「舉觴對客且揮毫，逐鹿中原亦自豪。湖上月明青箬笠，帳中霜冷赫連刀。英雄自古披肝膽，志士何嘗惜羽毛。我欲乘風歸去也，卿雲橫亙斗牛高。」「鼙鼓軒軒動未休，關心楚尾與吳頭。豈知劍氣升騰後，猶是胡塵擾攘秋？萬里江山多築壘，百年身世獨登樓。匹夫自有興亡責，肯把功名付水流？」其睥睨一切之氣象，真不讓翼王答曾文正四律也。

曹振鏞之誤清

清世大官謚文正者七人：湯斌、朱珪、曹振鏞、杜受田、曾國藩、李鴻藻、孫家鼐。七人中湯斌以理學，朱珪以學問，曾國藩以勳業，皆無人訾議。李鴻藻、孫家鼐皆以師傅得之，則成慣例矣，其人蓋尚無大過。杜受田以文宗師傅，相從最久。受田卒，文宗哭失聲，故恤典亦至渥。若曹振鏞則拘牽文義，挑剔細故，箝制天下人心，不得發舒，造成一不痛不癢之天下。洪楊猝發，幾至亡國，則曹振鏞之罪也。初宣宗倦於大政，苦於章奏不能遍閱，振鏞在樞府，乃獻策曰：「今天下承平，臣工好作危言，指陳闕失，以邀時譽，若遽罪之，則蒙拒諫之名。此後中外章奏，皇上無庸遍閱，但擇其最小節目之錯誤者譴責之，則臣下震於聖明，以為察及秋毫，必無敢肆者。」宣宗從之。其嗣後章奏中，有極小錯誤，必嚴斥罰俸降革，中外震悚。皆矜矜小節，無敢稍縱，語多吉祥，凶災不敢入告。及洪楊難作，互相隱諱，莫敢上聞。至於屢陷名城，始為奏達，皆曹振鏞隱蔽之罪釀成之。闕風濡染，以至晚清之將亡，在政府者尚循斯轍。當其得謚文正時，當世已有不文不正之謗，則振鏞之罪惡可知也。

乾嘉以前，應制書雖工，仍滿紙碑帖字，詩亦有拗體者。其時雖號臺閣體，亦尚有雅氣也。自曹振鏞在樞府，挑剔破體帖字，不問之工拙，但作字齊整無破體者，即置上第，若犯一帖字，即失翰林。海內承風，殿體書直成泥塑，上習闒茸，厭厭無生氣，皆曹振鏞所造成也。名臣謚法，古以文正為最榮，今人亦踵其說，而不知其所自始。按《梁溪漫志》云：「謚之美極於文正。司馬溫公嘗言之，而身得用之。」清代謚文正者七人，遠過宋、明（宋只三人）。然考清《鴻稱》冊中，所載群臣得之用謚，以忠為第一字，而文為第五字，正為第四十一字，則竟以文正為佳謚之首稱，亦似無所據矣。

總戎佳論

項城於大海，永歷時予鐵券封伯。清質其母而招之，乃降，改授總兵。順治中，由滇南還，椎牛設宴，大會故鄉父老曰：「向者捐親戚，背井閭，藐是一身，遠遊萬里，一旦躬擐甲冑，出入戎馬間，兵刃雪飛於前，炮石雷鬥於側，當是時余豈復有生之心哉？戰必受傷，傷必重創，甚則洞胸穿腹，自期必死，而卒未嘗死也。懦夫弱卒，鋒鏑未交，心懷退縮，而枕屍於疆場者不少矣。避死者顧反得死，忘生者顧反得生，是有天焉，無容逆計也。」因袒其體遍示坐客，瘢痏之痕如繡，見者無不驚歎。彝陸總兵張忠孝，賢而好文，待文人尤有禮貌，降階握手，備致謙仰，酒酣自述其生平曰：「僕固武昌一守城卒耳。猶憶少時，與亡婦棲止茅舍，歲暮絕糧。乞恩主帥之閣，賜錢二百，易麵一斗，將藉為夕餐。而腹枵心棘，趨蹷仆地，斗麵遂失其半。歸而告婦，相對垂涕，以為無復伸眉之日也。惝恍出門，負暄東牆，偶以柳枝畫土，晃然若有物耀於目者，手坎之得白金三兩。是年進百夫長，家亦不阜。幸今上拔擢，建牙於茲，而糟糠之侶，久遊泉下，念之未能輒忘。僕舉此以告人者，要知困極則亨，理有必然。凡人遇小不如意，動生怨尤，此自絕於天耳。彼蒼仁而愛人，俟命者乃知天之君子也。」二公雖武人，然其言皆當於理，可為偷生疾貧之鑒。

淄川小聖人

淄川孫先生名若群，學瞻品端，言動有則，鄉里咸稱為小聖人。早歲成進士，謁選京師，任少司寇克溥延之官邸，訓其子彥方。處以廣廈，坐不易牀。供以豐肴，食不兼豆。雖隆冬盛暑，衣冠襜如。司寇知孫有二子，已就童試。適是時山左學使者與司寇有舊，將為之地，而未詳二子名，屢欲請之，憚其嚴正，終不敢發。先生端居緘默，遇有問難，輒指畫談議，滾滾滔滔，竟晷不倦。凡及門與輦下諸子，以制藝就正者，一一評騭，務愜其隱。而運之菀枯，年之修短，皆能於文預決之。康熙癸丑，出為交城令，攜家以行。既而遣其長子歸淄就婚，課其書藝，忽驚歎曰：「嗟乎，吾子其不返乎！」泫然而別。歸未匝月，忽無故自縊死。治交多異政，秩滿遷蜀中州牧，卒於官。迄清中葉過其故里，詢孫姓名，或不盡識，詢小聖人，無不識也。

年羹堯軼事一

年大將軍羹堯，怙寵鴟張，目無朝貴，然獨重同年。雍正元年，平青海歸，黃韁紫騮，絕馳而行，王公以下，膝地郊迎，年不之顧。史文靖公貽直，獨長揖不拜。將軍望見大驚，翻騎而下曰：「是吾鐵崖同年耶？」扶之上馬，並轡入章益門，一時傳為佳話。將軍軍法極厲，一言甫出，部下必奉令唯謹。嘗輿從出府，值大雪，從官之扶輿而行者，雪片鋪滿手上，幾欲墜指。將軍憐之，下令曰：「去手。」蓋欲免其僵凍也。從官未會其意，竟各出佩刀自斷其手，血涔涔遍雪地。將軍雖悔出言之誤，顧已無可補救。其軍令之嚴峻，有如此者。然亦可見其平日性情之殘酷矣。

年羹堯軼事二

年羹堯征青海日，營次，忽傳令云：「明日進兵，各人攜板一片，草一束。」軍中不解其故。比次日，遇塌子溝（淤泥深坑也，滿語云然），令各將束草擲入，上鋪板片，師行無阻。蓋番人方倚此為險，不意大兵驟至也，遂破其巢穴。又年征西藏時，一夜漏三下，忽聞疾風西來，俄頃即寂。年急呼某參將，領飛騎三百，往西南密林中搜賊，果盡殲焉。人問其故，年曰：「一霎而絕，非風也，是飛鳥振羽聲也。夜半而鳥出，必有驚之者。此去西南十里，有叢林密樹，宿鳥必多，意必賊來潛伏，故鳥群驚起也。」其兵法之靈變，實不愧一時名將，而卒罹大譴，惜哉！

田文鏡惡科目中人

雍正間，李衛、田文鏡歷任督撫，素惡科目，田撫豫時，一疏劾科甲牧令數十人。適李穆堂制府過汴，相見揖未畢，即厲聲曰：「明公身任封疆，有心蹂躪讀書人，何也？」田不能堪，遂劾李牽連入蔡珽案擬辟。乾隆初，始奉特旨湔雪，尋令佐戶部。按：穆堂先生再起，後復以多保鴻博鐫官。先生立朝剛鯁，其屢起屢躓，皆為維持國體，不獨憐才愛士之私心。然蹭蹬終身，未竟其用。然觀田、李二公，固有別矣。相傳田文鏡為豫督，平越王少司馬士俊適令祥符，庭參日，田問出身，王攢眉囁嚅，故作羞愧狀，良久始對曰：「士俊不肖，讀書出身，某科散館翰林也。」田以為刺己，怒斥之。王知不免，回署即詳請免河南碱地稅，冀見忤放歸。田果疏劾。時楊中丞文乾方為布政使司，入謁曰：「王某請免稅邀譽耳，公不欲成孺子名，盍少緩？」田諾之。未幾，楊巡撫廣東，即保薦同往，以道府用，薦升兩司。田卒，代其任。以田文鏡之嚴苛明察，而王則面加訕誚，楊則誘以巽言，剛柔抑揚，若弄孺子，其才豈在文鏡下歟？

清世宗信任李衛之專

雍正一朝，漢臣中最蒙恩眷者，莫如田端肅文鏡，李敏達衛二公。而信任之專，似敏達尤在端肅上。考敏達以康熙末年授雲南驛鹽道。雍正元年，管理銅廠，二年，已擢雲南布政使矣，仍兼理鹽務。三年，撫浙江。四年，管理兩浙鹽務。五年，授浙江總督。六年，命江蘇所屬七府五州一切盜案，俱令管理。復因廷議築松江石塘，上以江南督臣范時繹辦理未協，令公查議具奏。奏上，得旨仍令會同江蘇督撫，稽察辦理。十二月，上以公留心營務，凡江南軍政舉劾，命公同范時繹等辦理。時適遣侍郎王璣、彭維新往江南清查積欠錢糧，亦令公與聞。七年，加兵部尚書銜。八年，江寧有張雲如者，以符咒惑人謀不軌。公遣弁密訪得其黨甘鳳池等私相煽誘狀，令游擊馬空北賚文往緝。旋以范時繹及臬司馬世烆迴護失察咎，又曾與雲如往來，輾轉關查不解，且賄空北稟飾，具疏劾之。上命尚書李永升赴浙會鞫得實。時繹解任，世烆以下論罪如律。十年，調督直隸，命節制提督等官。至乾隆二年，猶以奏誡王親王府侍衛庫克於安州民爭控淤地案，赴州屬托，諭嘉其執法秉公，特賜四團龍服。三年，疏參直隸總河朱藻挾詐誤工貪劣等款及藻弟蘅干預賑務。奏入，命尚書訥親孫家淦會鞫得實，革藻職，擬杖流。蘅亦擬杖。公旋卒，其一生政績如此。

華亭令戲懲武秀才

江蘇人尚文學，習武者少，然武科不能廢。當歲試之年，輒搜羅充數，往往不及額而止。無賴者幸博一衿，不求上進，每橫於一鄉，不特閭里苦之，即地方官亦苦之。閱近人筆記，至前清華亭令許雲萼治鞫一事，不禁為之失笑。一日者，有武生扭一鄉人至縣喧訴，許訊其故，則鄉人入城擔糞，誤觸生，污其衣，已經途人排解，令代為浣濯及服禮，而生不可，必欲痛抶之而後已。許詢悉其情，亦拍案大怒曰：「爾小人，乃粗心擅污秀才衣，法當重責。」鄉人惶恐乞憐，許良久曰：「姑寬爾。」令生坐於堂側，而飭鄉人向之叩頭百以謝罪，叩至七十餘，許忽曰：「我幾忘之，爾之秀才，文乎武乎？」對曰：「是武。」則又矖然曰：「我大誤，文秀才應叩一百，武則一半可矣。今多叩二十餘頭，爾應還之。」復令鄉人高坐，而捉武生還叩，生不肯，則令皂隸挾持而抑其首，叩還二十餘乃釋。生大怒，走出，許撫掌大笑，邑人觀者、聞者亦無不大笑也。是舉雖非正直，然松人咸嘖嘖以為美談。

紀曉嵐逸事

紀文達公性機警敏給，好滑稽，與和珅同朝，恒隱相嘲謔，而和輒不悟。一日和乞書亭額，紀為作擘窠「竹苞」二大字，和喜而張之。偶值高宗臨幸，見之，笑諭和珅曰：「此紀昀詈汝之詞，蓋謂汝家個個草包也。」和珅聞而甚銜之。未幾，兩淮運使盧雅雨見曾以愛士故，賓至如歸，多所餽貽，遂至虧帑。事聞，廷議擬籍沒。紀時為侍讀學士，常直內廷，微聞其說，與盧固兒女姻親也。私馳一介往，不作書，以茶葉少許貯空函內，外以麵糊加鹽封固，內外不著一字。盧得函拆視，詫曰：「此蓋隱『鹽案虧空查抄』六字也。」亟將餘財寄頓他所，迨查抄所存貲財寥寥。和珅遣人偵得其事，白之。上召紀至，責其漏言，紀力辯實無一字。上曰：「人證確鑿，何庸掩飾乎？朕但詢爾操何術以漏言耳？」紀乃白其狀，且免冠謝曰：「皇上嚴於執法，合乎天理之大公，臣惓惓私情，猶蹈人倫之陋習。」上嘉其辭得體，為一笑，從輕謫戍烏魯木齊。未幾賜還，授編修，晉侍讀。四庫全書館開，為總纂焉。

花老虎

花連布，滿州人，以世職薦至南籠鎮總兵官。性質直，與人交，有肝膽。少時讀書，曾習《左傳》，故於戰法精妙。值銅仁紅苗殺官吏反，福康安以總督進剿，檄公隨營。素稔公勇，令首先解永綏圍。公率百餘騎長驅直入，破毀苗塞數十，苗入皆烏合眾，未見大敵，大驚曰：「天人神兵至耶？何勇健乃爾？」因遠相奔潰，永綏之圍立解。時公著豹皮戰裙，故苗人呼為花老虎云。福大軍至，令公結一營當大營前御賊，悉以剿事委之。福日置酒宴會，或雜以歌舞。公則晝夜巡徼，飢不及食，倦不及寢。苗匪既知福持重不戰，乃獸駭豕突，或一日數至，公竭力堵御。賊已退，乃敢告福知。如此百晝夜，鬚髮盡白，而旁有忌其功者，互相肘掣，故不及成功。小竹山賊匪叛，黔督勒保檄公督兵往剿，公御賊山樑上，轉戰益奮，中鳥槍三，墮入深澗中，詬罵不絕口。賊欲鉤出之，乃自立轉入巖石中折頸而死。事定，諸將弁百計出其屍，顱骨皆寸寸斷矣。

楊鬍子歌

成都楊忠武公遇春，嘉道時名將也。以武舉從征教匪起家，身經百戰，無不克捷。官至提督，改文階為陜甘總督，晉封一等昭勇侯。予告年逾八十而薨，臨終自知死期。會四川總督同安蘇公廷玉往訪之，公出見，手交遺摺，託其代奏。時固無恙也。蘇公不得已，帶之歸，公即於夜間逝世。豈非生有自來者耶。仁和馬秋藥太常履泰有楊髯子歌，人奇而詩亦甚奇，讀之覺公之精神意氣猶躍躍紙上也。詩云：「賊怕楊髯子，賊怕髯子走脫趾。不怕白髯大尾羊（時有總兵姓羊），只怕黑髯楊難當。賊正蒼黃疑未決，瞥見髯子擲身入。刀嫌太快矛太尖，只使一條鐵馬鞭。逢人撾人馬撾馬，血肉都成甕中鮓。須臾將士風湧波，縱橫步騎從一騾。賊忽乘高石如雨，髯子鞭已空中舉。賊忽走險奔如蛇，髯子騾已橫道遮。森森賊寨密排壘，髯子從外陷其內。重重賊隊圍如帶，髯子從內潰其外。髯子鞭騾繞賊走，吞賊胸中已八九。瞋目一叱髯槎牙，賊皆撲地為蟲沙。相傳失路曾問賊，賊指間道教髯出。賊寧不怨髯子鞭，頗聞髯子為將賢。髯子待士如骨肉，蟻大功勞無不錄。拔擢真能任鼓鼙，拊循含淚吮瘡痍。噫嘻！賊中感服尚如此，豈有官軍肯惜死。」寫得生氣勃勃，彷彿聽鼓鼙之聲，而思將帥之臣矣。然此詩作於嘉慶年間，猶未睹道光七年公征西域時之偉績也。

武夫不知文字

張璧田軍門玉良，起於行伍，目不識丁。陳太守子壯，於蘭溪軍次見之。適有急牒至，軍門拆閱，點首攢眉者良久，乃舉付從兵，令送文案處。陳詢牒中何事，笑而不答，以為秘不肯宣也。越日，又見持一札顛倒觀之，大惑不解。既乃知其本不知書，特為此以掩飾人之耳目。嘗與程印鵲太守換帖，三代中有名蚤者，陳以為怪。見其一帖，則是早字矣。因詢其文案某君，答曰：「渠不能指定一字，第隨其口語而書之，是以如此。」同時有吳總戎再升者，眇一目，每戰必先登，賊畏之，呼為「吳瞎子」。嘗延僧追薦先人，僧請三代諱氏，張目不能答。急召文案委員，令撰一好名字與之，聞者捧腹。此與侯景之託王偉撰七廟諱者何異？清初馬惟興，以孫可望將來降，官至福建總兵。順治之季，嘗賜諸將三代封典，惟興久之不上。撫臣問之，愀然曰：「某少時為寇虜，相從作賊，今幸際會風雲，實不知父何名，母何氏。若私撰之，不惟欺君，亦自誣其先人矣。願公以此語上聞，但恩榮及身而已。」一時皆是其言，惜無人以是說告之軍門及吳總戎也。

記吳六奇將軍

海寧查孝廉培繼，字伊璜，才華豐豔，而風情瀟灑，常謂滿眼悠悠，不堪酬對，海內奇傑，非從塵埃中物色，未可得也。家居歲暮，命酒獨酌，頃之，愁雲四合，雪大如掌。因緩步至門，冀有乘輿佳客，相與賞玩。見一丐者，避雪廡下，強直而立。孝廉熟視良久，心竊異之，因呼之入，坐而問曰：「我聞街市間，有手不曳杖，口若銜枚，敝衣枵腹，而無飢寒之色，人皆稱為鐵丐者，是汝耶？」曰：「是也。」問能飲乎，曰：「能。」因命侍童，以壺中餘酒，傾甌與飲，丐者舉甌立盡。孝廉大喜，復熾炭發醅，與之約曰：「汝以甌飲，我以卮酬，竭此醅乃止。」丐盡三十餘甌，無醉容，而孝廉頹臥胡牀矣。侍童扶掖入內，丐逡巡出，仍宿廡下。逮旦雪霽，孝廉酒醒，謂其家人曰：「我昨與鐵丐對飲甚歡，觀其衣極藍縷，何以禦此嚴寒？亟以我絮袍與之。」丐披袍而去，亦不求見致謝。

明年，孝廉寄寓杭之長明寺。暮春之初，偕侶攜觴，薄游湖上。忽遇前丐於放鶴亭側，露肘跣足，昂首獨行。復挈之歸寺，詢以舊袍何在，曰：「時當春杪，安用此為？已質錢付酒家矣。」孝廉奇其言，因問曾讀書識字否，丐曰：「不讀書識字，不至為丐也。」孝廉悚然心動，薰沐而衣履之。徐詢其姓氏居里，丐曰：「僕係出延陵，心儀曲逆，家居粵海，名曰六奇。只以早失父兄，性好博奕，遂致落拓江湖，流轉至此。因念叩門乞食，昔賢不免，僕何人斯？敢以為污。不謂獲遘明公，賞於風塵之外，加以推解之恩。僕雖非淮陰少年，然一飯之惠，其敢忘乎？」孝廉亟起而捉其臂曰：「吳生固海內奇傑也，我以酒友目吳生，失吳生矣。」仍命寺僧沽梨花春一石，相與日夕痛飲。盤桓累月，贈以衣屨之資，遣歸粵東。

六奇世居潮州，為吳觀察道夫之後，略涉詩書，耽游盧雉，失業蕩產，寄身郵卒，故於關河孔道，險阻形勝，無不諳熟。維時天下初定，清兵由浙入廣，舳艫相銜，旌旗鉦鼓，喧耀數百里不絕。凡所過都邑，人民避匿村谷間，路無行者。六奇獨貿貿然來，邏兵執送麾下，因請見主帥，備陳粵中形勢，傳檄可定。奇有義結兄弟三十人，素號雄武，只以四海無主，擁眾據土，弄兵潢池。今大兵南下，正蒸庶徯蘇之會，豪傑效用之秋，苟假奇以游札三十道，先往馳諭，散給群豪，近者迎降，遠者響應，不逾月而破竹之勢成矣。如其言行之，粵地悉平。由是六奇運箸之謀，所投必合；扛鼎之勇，無堅不破。征閩討蜀，屢立奇功，數年之間，位至通省水陸提督。當六奇流落不偶時，自分以污賤終，一遇查孝廉，解袍衡門，贈金蕭寺，且有海內奇傑之譽，遂心喜自負。獲以奮蹟行伍，進秩元戎，嘗言天下有一人知己，無若查孝廉者。

康熙初，開府循州，即遣牙將持三千金存其家。另奉書幣，邀致孝廉來粵，供帳舟輿，俱極腆備。將度梅嶺，吳公子已迎候道左，執禮甚恭。樓船簫鼓，由胥江順流而南，凡轄下文武僚屬，無不願見查先生，爭先餽贈。篋綺囊珠，不可勝紀。去州城二十里，吳躬身出迎，八騶前馳，千兵後擁，導從儀衛，上擬侯王。既迎孝廉至府，則蒲伏泥首，自稱昔年賤丐，非遇先生，何有今日？幸先生辱臨，糜丐之身，未足報德。居一載，軍事傍午，凡得查先生一言，無不立應，義取之貲，幾至巨萬。其歸也，復以三千金贈行曰：「非敢云報，聊以志淮陰少年之感耳。」

先是苕中有富人莊廷鉞者，購得朱相國《史概》，博求三吳名士，增益修飾，刊行於世，前列參閱姓氏十餘人，以孝廉夙負重名，亦借列焉。未幾，私史禍發，凡有事於是書者，論置極典，吳力為孝廉奏辯得免。孝廉嗣後，益放情詩酒，盡出其橐中裝，買美婢十二，教之歌舞。每於良宵開宴，垂簾張燈，珠聲花貌，豔徹簾外，觀者醉心。孝廉夫人亦妙解音律，親為家伎拍扳，正其曲誤。以此查氏女樂，遂為浙中名部。昔孝廉之在幕府也，園林極勝，中有英石峰一座，高可二丈許，嵌空玲瓏，若出鬼製。孝廉極所心賞，題「縐雲」，閱旬往視，忽失此石，則已命載巨艦送至孝廉家矣。涉江逾嶺，費亦千緡。今孝廉既沒，青娥老去，林荒池涸，而英石峰巋然尚存。聊齋志《大力將軍》，蔣心餘《雪中人傳奇》，皆記吳將軍軍事焉。

淮軍後起之三名將談

《善鐺筆記》云：自甲午、乙未戰敗，國人頓失向日一戰而霸之根據心理，乃欲偃武修文，以求存立於此競爭世界。時至今日，三尺之童，皆有以知其不可矣。顧自東事敗後，不知急求恢復於申儆訓練之中，而終吐棄武事，不敢復掛諸口，以轉競於文靡。甚至舉前人輝耀之歷史，精能之經驗，大足以為後事師者，而亦任其埋葬於流俗之口，不復為之表揚。凡此衰敗之徵，至可痛也。就近事言之，中外交綏以來，吾國之兵，非不能戰，患在事前無作戰之備，臨事乏調度之方，斯為致敗之由耳。然雖如是，而良將之雜出其間者，亦往往有可紀之奇績。特國家不知汰楛留良，混騏驥於駑馬，致令人心無所景慕，斯亦不振之由焉。

其戰功昭著中外，可為軍人之模範者，如淮軍後起之三名將，一王孝祺，一章高元，一聶士成，固皆身摧強敵，以立奇功，其事足以振頑立懦。謹為表彰如左，庶資國人之感發焉。甲申諒山之捷，世人但知歸功於馮子材，而不知王孝祺之功尤偉。蓋王氏於此戰，實身當前敵也。先是桂撫潘鼎新，顛倒功罪，調度乖方，以至潰敗，乃欲諉罪於馮子材等，奏請於軍前正法，已得旨矣。時張文襄為廣東海防欽差大臣，探悉潘之奸欺，抗疏於朝，朝廷卒收回前旨，而責其立功。王氏時帥偏師，急振軍前進。王氏讀書明道，為清朝有數之名將，時官北海鎮總兵。平日治軍有方略，暇則手一編與幕僚討論學問，孜孜不倦。其於越南地理，研究至析。此役出關時，以乾隆間征越無功，由於失地利，又以近世槍炮至烈，非得地利不克，故其所帥軍士，深諳溝壘之術，技藝嫻熟。此時法兵，席累勝之勢，潮湧而來，王氏張疑軍以待之。已則潛率精銳伏於一扼要地，預相地形，築土墉為障，凡三時而事集。法軍望見我疑軍也，以為主將中堅所在，即發槍炮猛力攻之，銳不可當，歷一時許，見我不回擊，乃止擊。以騎偵之，偵得我為空壘，遂分軍為二，鼓銳以進，兼取包抄搜索之方略，甫動其陣，王氏躬率一隊飛至，直向法軍挑戰，法軍乘之。王因率隊退至障畔，戒所部曰：「吾聞法人性高貴，平日多養尊處優，彼勢雖銳盛，顧難持久，當以忍耐勝之。」遂令軍士伏障下，不許輕發槍炮。此時敵彈如雨霰，王氏穿草屨，服布服，坐一土墩上，從容指揮。及見法軍氣將竭，乃發令曰：「吾眾可出戰。」遂風馳而前，至以鋒刃相接。此時他隊伏軍備夾擊者，亦已突至法軍隊後，法軍猝不意，大敗奔北，死者數千人，堙谷填坑，累累皆京觀，遂獲全勝。是役法軍凡萬餘，而王所帥偏師，不及三千，殺敵數千，我軍死傷不及百，此為中外交綏以來第一勝績。王氏恂恂退讓，口不言功，朝廷亦以尋常功績視之，無隆渥之賞。世所知者，又多歸美於馮子材，能知王氏當時戰狀者蓋亦僅矣，此吾國武功所以不振之由。

按當時尤有可痛之一事，則李秉衡、蘇元春、唐景崧輩，皆攘王氏之功為己功，蘇以百金結上海某報力為揄揚，由是蘇之虛譽日振於流俗，幾無人知王氏功矣。凡此皆某君親聞於王氏者也。海通以來，吾國軍事之失敗，固不可掩。然當乙未以前，列強固未敢倡瓜分之論、範圍之說者，則以我此時猶有能戰之將存，彼固有所慴而不敢也。故於諒山之役之王孝祺，基隆之役之章高元，其豐功偉烈之加被於國者，在吾國民允宜尊之戴之，以為後來者勸，古之所謂干城，不是過也。

章高元為淮軍後起名將，其驍勇果毅，冠於儕輩，於發捻諸戰功績至偉。法越之役起，甲申正月，以淮、湘軍務千名，渡海防守臺灣，署臺灣、澎湖，掛印總兵。是年七月，法兵攻基隆，守將孫開華出戰不利，基隆遂陷。時章所部但二千兵，分防各地，在麾下者，僅五百。聞基隆陷信，拔劍斲案而起，急欲恢復，誓於所部，率以進。將抵基隆，復戒其眾曰：「國土失陷，吾將兵者之恥也。今與諸君約，吾今夜必復基隆，若及明而不復者，吾寧自刎，不與諸君相見矣。」章氏為鎮將多年，向曾不營私殖，所得財悉以養死士，為淮軍諸將所僅見，故深得士心。今既下，所部士卒咸鼓勇而進。將抵炮壘，使部將李世鴻、章保勝分兵由小徑抄其後。章則率兵士百人提刀直擊法兵營壘，途遇邏者，縛之而直前，此時法兵忽覺章來襲，槍炮如雨射出。海中法艦，復以大榴彈炮擊章軍，章氏帽簷被炮彈擊去其半，左耳受炮震，終身失聰。然是時袒臂大呼而進，不用槍炮，挺短刀直斲法兵。法兵大敗，死者二千餘，折其兵官二人，餘眾鳧水逃入法艦，法艦亦於夜中引出。章氏果踐其言，於夜中踏破法壘，奪還基隆。時他將聞章氏短兵進戰，咸為震慄失色，遲明率兵來援，則見基隆早易法幟，樹章軍旗矣。是役法兵死傷殘骸，築為京觀，大塚巍然，至今每年有法艦到基隆祭此役陣亡軍士（按：去年某東報且記法國寄款到臺灣，託日本人修葺此塚）。此實中外交綏以來第一奇功也。其後甲午之役，章氏統廣武、嵩武及新募福字軍共八營，奉李文忠檄往援旅順，未發而旅順陷。遂奉旨會同宋慶赴前敵，守牽馬嶺，屢與日兵戰，殺敵甚多，迭獲勝，敵不敢犯引去。時宋慶暮氣已深，疾章聲威功績，將出己上，則其屢次退師失地之罪，必相形而不可掩，會召章議事，章氏請合兵決一死戰，以摧強敵，宋不從，且以危禍怵之。章大呼曰：「我章迂子豈畏死者乎曷？為不可戰？」蓋章氏臨陣率騎馬前行，以率士卒，視彈子如無物，人皆以迂子目之也。於是宋慶嫉之益深，乃檄其棄牽馬嶺，以守蓋平。蓋平無險阻可扼，絕地也，章氏知宋陷己，然迫於上將命，不得不行。既抵蓋平，敵兵大股數萬，四面來攻，章氏戒所部無妄動，俟敵近乃發槍，殲其將三人，敵軍死傷甚眾。知敵大隊將至相乘，請援於宋軍，宋竟不許。十二月十三日，敵大舉環圍，榴彈如霰，復馳使求救。時宋駐析木城，終按兵不動，竟不赴援。章氏搏戰一日一夜，疲極不得息，子彈告竭，則以鋒刃突擊，日軍死傷山積。終以眾寡懸絕，部將楊壽山、李仁黨、李世鴻、賈君廉、張世寶等皆陣亡。章氏彈盡援絕，乃率殘兵，衝出重圍，退往營口。此役也為中日戰事中第一惡戰，日本軍人，至今稱之。雖敗猶榮，可謂有價值矣。

按宋慶傾詐嫉媚，於此役屢屢退卻，乃及身顯榮，身死猶得忠勤之謚。章氏為國力戰如此，及退而歸田，乃至無以為生。今秋，皖紳公呈皖撫奏請賞食全俸，始蒙朝廷存恤。專制國之綱紀，即在賞罰得當，賞罰一失，未有不解紐而立敗者。又按章氏其後復官登州鎮，德兵占膠澳時，章氏又請死戰。時李秉衡為魯撫，不發彈藥，而又劾其退縮，朝旨則不許其開炮，章氏因而氣憤成疾。

甲午之役，聶士成初隸葉志超。先是熱河朝陽有匪亂，聶、葉共往平，聶功至高，而為葉所冒，葉遂居聶上，為其所累，相率俱敗於牙山，葉獲罪。聶乃以偏師千人扼守摩天嶺，捍蔽盛京，日軍屢犯之，俱為所擊退，盛京得保無恙。及和議成後，聶乃奉命練一軍，聶因參用德國兵制，召募精壯，日日訓練之，躬與士卒同食飲臥起。預知東三省將有戰禍於其間，特率兵躬履其地，詳繪地形，至析至備，欲一旦為國效力也。歲戊戌，余訪聶氏於軍中，見其軍屹若長城，壁壘精嚴，聶問可以任一戰否，余曰：「此正莊生所謂木雞，國之楨幹也。」聶亦厚自期許，欲以一戰雪國恥，振國徽。庚子春初，北方義和團勃起，所過焚掠，聶氏時官天津鎮，發兵討之，一擊而敗。拳匪走散，轉集於京師，結連宮庭。端、剛遂構聶，降旨嚴斥，聶奉旨扼腕歎息，謂其下曰：「吾無死所矣。」有勸其避往保定者，聶喟然曰：「死吾分也，特患不得其名，且舉吾數年辛苦所成之精銳，誤供兇暴，投諸一燼，為可惜耳。今國釁既開，天津首當衝，以吾奉命鎮茲土，吾目未瞑，必伸吾職，不許外兵履斯土。然充吾力，詎足以拒八國聯軍乎？吾死必矣。特如斯以死，吾其終不瞑也。」斯時內扼於端、剛，外迫於裕祿，聶氏窮無所之。

五月十八日，大沽失守後，聶前軍駐守紫竹林，日師首至，聶軍一舉而敗之，死者累累。他國聯軍繼進，聶與苦戰累日，以一當百，殺傷過當。聯軍知聶軍不易勝也，乃破公法用綠氣炮攻之。聶知無幸，先一日誡所部曰：「惟吾先自蹈死，汝曹退守他所，或能稍完吾精銳，備他時國家一用，無俱從也。」明日，張陣復戰，聶氏獨身扼守一橋，聯軍來攻，力斲數十人，忽一榴彈飛至，聶氏並其騎俱化灰燼死。事至慘烈，殆過於所謂三忠者遠甚。顧今日三忠猶有表彰之者，獨此叱咤風雲，孤忠殉國之良將，詎可等於蟲沙乎？是則表揚之誼，固吾人後死者之責也。清季某公，尚論晚明人物之盛，並舉當世人才可比擬者，曾舉聶比黃得功，由今思之，殆不謬也。嗚呼！聶氏用非其時，以死伸職，岳岳良將，而為奸回所斷送，其死至可痛惜。顧當吾國挫敗之餘，乃忽有此不可侮之一軍，巍然與列強搏戰，使列強知我國人終不可侮，而少生其戒懼（按：當時西人述及聶軍之強矯任戰，莫不惶然變色，滬上諸西報可按覆也），則其功施於國，亦至大矣，此又吾人所宜知也。按兵者，危苦之事，非享幸福之民所樂為。凡其民之生事薄者，其兵之名額轉多，日本固其例也。以吾民質樸勤勉，百折不撓之恒性，實宜於兵。當今之世，尤應發揮斯旨，但使得良將為之帥，吾敢斷言吾國之兵，將強於天下，是在能者勉力為之耳。故稍述淮軍三將，以風勵吾國人。

岳威信兵法

岳威信公征青海，行至崇山，見野獸群奔曰：「此前途有放卡賊，蓐食速驅。」果擒百餘人。自此探信賊斷，敵不及備，大軍直抵其帳，敵眾倉皇驚潰，丹津衣番婦衣遁，降者數萬。自出師至北，前後僅十餘日，古來用兵塞外，未有如此神速者。

阿文成兵法

阿文成征金川，一日安營已定，忽傳令遷移，諸將以天晚力阻，公隨發令箭云：違者立斬。合營雖從之，而不免怨誹。迨昏夜大雨，前此營基，水深丈餘，幾為漂沒，咸詫為神奇。公曰：「我有何異術，特見群蟻移穴，知地熱將雨耳。」按文成此舉，不難於先見，而難於實言。稍有權術者，必又以為遁甲奇門矣。健兒雖莽，肯受吾紿？

海蘭察之將略

乾隆朝名將，以超勇公海蘭察為冠，邊功戰略，炳黹旗常，無待述矣。其行軍實由天授，有為自古名將所未嘗到者。自結髮從戎，每臨陣，微服率數十騎繞出賊後，知何處有暇可蹈，輒衝入賊隊，左右疾射，使其陣亂，而我兵乘之。又能望雲氣決賊勢之盛衰、此戰之勝負；察山川脈絡，知安營汲水之宜；聽地窖，識賊馬之多寡；驗馬屎，料敵去之遠近。即倉猝間手彈弓弦，亦能預測利鈍。以故進必殲敵，退亦全師，操縱神奇，不可殫述（按：望氣之說，屢見史策古名將皆能之，北齊時斛律金行兵，用匈奴法，望塵知馬步多少，嗅地知軍遠近。超勇蒙古人，或得秘傳，不知今尚有傳者否）。魏氏《聖武記》稱天生海公，以成就福康安之功名（按：福康安以椒房貴戚得專閫，軍略非其所長，所謂因人成事者也）。

阿桂之將略

阿文成公立功絕域，將材相業，冠絕一朝。相傳公在行營，每軍務倥傯，帳中獨坐，飲酒吸淡巴菰，秉燭竟夜，或拍案大呼，或砉然長嘯，拔劍起舞，則次日必有奇謀。尤善拔擢人才，每散僚卒伍，一二語即知其器識，輒登薦牘，故人樂為用。嘗識興奎於軍校，奇其狀貌，令攻某塞，即日授副將。海超勇權奇自負，同時無一當其意，獨服公驅使，辱罵惟命，遇他帥雖禮下之，不樂為用。文成洵不愧名將矣。

第二卷

羅壯勇少時逸事

羅壯勇公思舉初征白蓮教，後平永州苗，為嘉、道兩朝赫然名大將。籍四川之東鄉，少亡賴，數行竊，令捕之，杖斃棄諸野，中夜而蘇，匍匐至一老嫗家，周之。乃改行投身軍營，驍勇冠絕儕輩，遂歷保至專閫，封子爵。當趙金龍之亂，羅受命與總督盧公坤往平之，賊已困將擒矣。時清宣宗以尚書宗室禧恩來督軍，未至，諸公議待禧至，羅曰：「圍久師怠，賊必遁，糜帑可惜。」遂違眾一戰殲賊且盡。禧公為親信重臣，督撫以下皆降屈為禮，怒羅之不待也，盛氣陵之。羅不為屈，且面折之曰：「諸公貴人多顧忌，羅思舉一亡賴耳，受國厚恩至提督，惟以死報，不知其他。」禧甚怒而無如之何。羅每對人言生平作賊事不少諱，並請文人歷敘其事，洵奇男子也（按：魏氏《聖武記》云：「思舉忠孝人也。其始軍中莫知所自來，及為副將，自檄川、陝、湖北各州縣，銷積案數十，云所捕劇賊羅某，今已為宣力，其母復株連，世始知其前事。」與此少異）。

黃翼升識拔鮑超

長江提督黃翼升，初從曾文正遊。夔州鮑超夫婦來長沙，以貧故，謀生計不就，久之貲罄，存錢止數百。鮑故烈士，以錢市酒餚，置鴆，將與其夫人飽飫以死。鄰嫗知之，以告公，公亟往叩門，則戶鍵矣。毀門入，鮑夫婦方對飲舉箸，公問何為，以實對。公啫曰：「壯士奈何效匹夫匹婦死溝瀆！」鮑曰：「奈絕食何？」公曰：「子從我隸名軍籍中，豈惟不死，且可圖進取。王侯將相，庸有種耶？」鮑泣拜。公遂挈以歸，進之曾文正。不數年，鮑由步卒起，戰比有功，官浙江提督，封一等子，與公對樹旌節，列爵苴茅，海內識與不識，爭以郭、李、韓、岳相比擬。然則鮑固人傑，公亦巨眼矣哉！

黃翼升始任長江水師

同治三年，洪楊平，長江奏設經制水師，以一提督節制五鎮官兵，首膺此選者，三等男長沙黃公翼升也。公起家材官，隸曾文正戲下，久任軍事，力濟巨艱，功與彭、楊埒。初隸水軍，方監造船，有龍降其舟，色正青，長五六寸，隱見倏忽。或曰：「此黃河廟中常示現者也。」文正偕幕僚往觀之信，嗣是公每戰，龍見則必捷。戊辰秋，官軍蹙捻寇於燕齊接壤之運河，時河水淺，躍馬可渡，公慮賊之潛遁也，禱於龍神廟，禱畢，龍復見，水不雨而漲。賊突圍不濟，遂盡殲焉。公忠忱耿耿，戰績洸洸，訓士則以匈奴未滅為激勵，論功則以雍齒且侯為慰藉，其厚得神助，有由來矣。

顧亭林母

顧亭林先生之母，崇禎時旌表節孝，即《明史．列女傳》所稱王貞女也。先生有與葉訒庵書辭薦舉云：「先妣國亡絕粒，以女子而蹈首陽之烈，臨終遺命，有無仕異代之言，載於志狀，故人人可出，而炎武必不可出矣。記曰：『將貽父母令名必果，將貽父母羞辱必不果。』七十老翁何所求，正欠一死，若必相逼，則以身殉之矣。一死而先妣之大節，愈彰於天下，使不類之子，得附以成名，此亦人生難得之遭逢也。」蓋其辭決而其志彌可哀矣。

顧亭林嚴拒夜飲

亭林先生貌極醜怪，性復嚴峻。鼎革後，獨身北走，凡所至之地，輒買媵婢，買莊產，不一二年。即棄去，終已不顧。而善於治財，故一生羈旅，曾無困乏。東海兩學士宦未顯時，常從假貸，累數千金，亦不取償也。康熙丙辰，先生至都下。兩學士設讌必延之上座，三爵既畢，即起還寓，學士曰：甥尚有薄疏未薦，舅氏幸少需，暢飲夜闌，張燈送回何如？先生怒色而作曰：世間惟淫奔、納賄二者，皆於夜行之，豈有正人君子而夜行者乎。學士屏息肅容，不敢更置一詞。陸舒城常言，人眼俱白外黑中，惟我舅祖兩眼俱白中黑外，非習見不知其形容之確。

史閣部後嗣

明末，史忠正閣部可法殉節時，相傳尚無嗣息，弟可程官北京不返，其後裔無有問之者。雍正初，鄧東長宗伯鍾岳，督學江左，有童生史姓，年四十餘，其祖書可法名，心異之，詢之則閣部孫也。蓋督師赴揚，寄孥白下，有孕妾於滄桑，後生一子，延史氏之脈，因家焉。鄧公遍詢諸老生，對無異詞，及閱其文，疵累百出，鄧公曰：「是不可以文論。」錄之邑庠，而刻石署壁，以記其事，俾後之視學者，毋憑文黜陟也。故史生得以青衿終，而家亦稍裕焉。天之祚忠節不絕其後，洵非偶然，而鄧公恤孤苦心，亦不愧古人也。按《蘄茶坡集》有〈送史愚庵梅花嶺展墓詩〉，愚庵道鄰子，鼎革後流寓山陽。又《揚州志．名宦傳》，載史公死後，養子直求其屍不得，招魂葬衣冠焉。愚庵當即直耶？

記河帥二則

（一）

栗恭勤公毓美，字樸園，山西渾源州人。幼貧而孤，師某同邑明經，老名宿也。同學某甲，年少家裕，有紈袴風。師子女各一，子二十餘，略不辨菽麥。女及笄，婉淑明慧，父母愛如掌珠。素器樸園，欲以歸之。彼此皆有意，女亦微聞其說，特未明議聘耳。樸園以貧故，常宿於齋，師之子伴焉。一夜，師子曰：躁甚，不能寐，願與子易位。樸園難之，強而後可。俄自屋上墜一物，鏗然有聲，師子大呼，視之，鐵戈貫胸，氣已絕矣。樸園懼而號，師出，見子慘死，謂樸園謀殺，樸園譁辨：屋上有洞。然以易位故，疑不能釋。某同學亦質贊之，鳴於官。以文弱書生，嚴刑逼訊，遂誣服以謀殺。寄囹圄，延頸以待決矣。女既無所歸，同學某遣冰人來，願養夫婦老。許之，既合巹彌月，某甲飲微醺，告女曰：費盡心血，乃能娶汝。女詰之，曰：汝兄之死，乃我買盜某為之，本欲殺栗某，何期誤傷汝兄。然栗某得罪，我始得與汝合，亦天緣也。女佯歡笑，益勸之醉。某酣臥，女藏刃於懷，徹夜不眠。向曙出，至縣署擊鼓，為兄雪冤。官廉得情，以某甲並盜抵法，而釋樸園。女大言於堂曰：我以誤歸某，今為兄故出首本夫，前生孽緣也。出刃自刎死。樸園以由女得釋，哭不成聲。後以拔貢由縣令薦至河督，養師夫婦終其身。奉女木主，朝夕申辦香焉。

（二）

黎襄勤公世序，河南羅山人，初以進士令西江。上官命稽案至某縣，羊角風旋輿前不散，黎曰：「汝冤魂耶？導我行，為汝雪之。」風果前導，至塚而沒，問里甲，云某甲新以瘵卒。問其家，繼妻少艾，無子女，以饒於財，未嫁也。喚其妻至，美而豔，問若夫以何疾死，答以瘵。曰：「是有他故，吾欲驗之。」某氏甚辯曰：「驗有故，當我以罪，無故，奈何？」黎曰：「我當其罪。」棺既開，骨瘦如柴，驗無據。某氏喧號索命，黎無以難，姑懸待訪。某氏迭控於廉訪中丞，檄下如星火，至省垣，大吏咸謂黎瘋顛，將參處。黎曰：「固也，請賜一月限，世序訪不得實，罪無悔。」憲許之，辭出。作星士裝，周行縣四境，二十餘日，迄無朕兆，心甚鬱鬱。一日微雨，奔至一村，避柴門下，老嫗出闔扉，問之，曰：「賣卜之人，暮無所歸，乞投宿焉。」嫗曰：「我齒已暮，無所避嫌，家有三楹，客可宿東偏屋。」出脫粟飯之。問其家人，云有子某乙，日遊蕩不歸，言之絮絮泣。俄有叩門聲，一男子入，攜酒餚餅餌甚多。乎母曰：「今日博大勝，母可飽餐。」嫗告以有客在，導以見，因列酒饌。某乙曰：「汝財星也，今日來，我博即大勝。明日勿去，我再往博。」明日去，至午歸，負赤仄累累。曰：「汝真財星。」因更買酒食以餉，飲既酣，某乙曰：「欲與君結為兄弟如何？」黎亦欣然，因勸之曰：「觀子意氣不凡，何甘於下流？況有母，宜務正業，蓄妻子，不宜自棄如此。」某乙曰：「我雖賦閒，然奉養老母外，一身無罣礙，得錢多，即樂一日，否則忍飢，要妻子何為？」天下婦人最毒，某村某甲，家貲巨萬，身不得其死，今且他人入室矣。要妻子何為！」黎曰：「聞有縣官為檢驗矣。」某曰：「此事除我知之，雖武侯復生，安能測其底蘊？縣官且由此得罪，他官更莫敢問矣？」黎曰：「盍為我言之？」某曰：「他人是非，言之何益？」黎曰：「我兩人交同手足，保無漏言，閒佐酒，庸何傷？」某曰：「我樑上君子也。一旦入某甲家，掘後牆，探首入，見某甲臥牀上，其妻與一男子，各持燭持剪，自瓷盎中出小蛇一，置某口，以剪剪蛇尾，蛇痛極，入腹中，某甲大呼，氣已絕矣。婦人與男子收蛇尾並剪，置盎中，埋牖下，然後同飲同臥。我觀至三鼓，怒髮上指，不復竊，遂歸。縣官何人，遂能測耶？」既而曰：「我明日仍往博，子毋去賣卜村市，晚歸同飲可也。」黎曰：「我卜子三日內有奇禍，無出門，過此以往，當交好運，終身吃著不盡矣。汝在家坐守，我出賣卜。約晚，仍會於家。」黎出，暗會人騎馳至省垣，見廉訪請復審。拘某乙來，跪堂下，視堂上，賣卜人也。黎曰：「第吐實，保無害。」某乙供如前，從牖下掘得瓷盎、蛇尾、剪刀並存。再驗棺中，半蛇亦出。供證確鑿，某氏無所遁。乃供在室時，通於表兄某。既嫁，夫有瘵疾不能滿其欲，與表兄計，夫死無跡，貲既饒，與表兄昵，不嫁終其身。案定，抵某氏及其表兄於法，群以為龍圖復生也。後黎官至河帥，迎某乙母去，奉養若母。約某乙不為盜，日給錢一緡，任其遊矚，以終其身云。

鄭孝子

鄭孝子立本，蕭人，父相德，坐事戍西域。立本稍長，知痛哭，廢寢食。及年十八，辭母尋父。家故貧，誓以丐往。母初止之，不聽，臨行哭而戒之曰，「汝父左手小指缺一節，中有橫紋，幸而相見，以此為驗也。」歷半年，行抵庫車，查軍籍無父名。流寓數月，未知所往。邊徼人稀地廣，又無可乞食者，困甚。會軍將高魁元，聞立本操中土音，問之，具以告。魁元驚曰：「汝父我友也。曩昔戍烏魯木齊之綏來縣，雖然，別八年矣。去此三千里，中隔雪山，往大不易也。」餽貲而別。立本既知父耗，心益急，時張格爾餘黨未靖，官道梗塞，乃裹糧走小路。攀崖越嶺，誤入深山，前臨陡澗，深不見底，立本旁皇無策。忽有獸自南來，大如象，疾行如電，黃光閃鑠，舉步作金聲，瞥然北去。因念此物來處，當有途徑。黑夜探行，轉折至天明，乃回庫車之路。惝恍道旁，氣息僅屬，惟呼天吁父而已。差官趙弁者，從山脊過，問而憐之曰：「我轉餉回，即赴綏來，當攜汝行。道路險巇勿自往，往亦不識也。」託立本於回務主事奇氏家，奇禮遇之。居逾年，趙不至，亦無他伴，乃復潛去。行入戈壁中，絕水。時夏日酷烈，掬路旁馬溺飲之而嘔，嘔而復飲，如是數日，憊極而仆。適番眾騎馬過，撫之未絕，負至泉飲之，逾時始蘇，又以餅餌食之。復起行數十里，見天山雪水，洶洶迎來。自念有進死，無退生，褰裳涉之，寒若層冰，中挾砂石如碗如拳，擊脛骨痛不可忍。良久得岸，始達土魯番大道。由是歷蒙古塔，白洋河，至烏魯木齊，急奔綏來縣訪問，則父已病歿數年矣。

立本長號過市，慟不欲生，瀕死者再。先時相德抵戍，西人筵請教讀，隸門牆者頗多，卒之日，共營葬焉。及聞立本至，告以墓所，爭筵致之。立本既告，患病二年，同門輪視不少怠，以故得不死。他日啟墓，門人悉會。中國人流寓西域者，咸來設祭。祭畢開棺，體膚悉化，惟左手獨存，缺指橫紋宛然，遠近駭異，以為天留隻手，以待孝子辨認也。立本益哀哭不能止。眾上其事於都統，沿途具夫役，給驛馬，護孝子負骨以歸。時鴉片戰爭之前四歲也。蓋往返二萬餘里，時歷八年。立本抵家拜母，相持悲泣。葬之日，父老士女，奔走往觀，咸呼為鄭孝子云。按清代孝子尋親，若益都冷秀才升之遠走龍州，崑山曹君起鳳之跋涉酉陽，難哉不多遘已！然或資歷有餘，猶有賴焉。鄭孝子乞食絕域，備歷荼苦，卒能辨認指節以歸，至誠感神。信夫！世之日侍庭闈，而奉養疏略者，豈不痛哉！

記楊勤勇夫人

嘉、道間名將，首推二楊，功業威名，彪炳一世。而勤勇侯夫人龍氏，臨機應變，卓識鴻才，則有世所不盡知者。夫人為蜀之華陽縣人，廣東佛山同知廷泰女也。勤勇任寧陝總兵，夫人歸焉。初婚三日，終南教匪漸熾，侯即率兵搜賊，明年調署固原提督，夫人方懷妊未行。及秋，寧陝鎮兵以停餉兩月，嘖有叛言，鎮將不善駕馭，勢岌岌不可終日。或請夫人乘夜速行，夫人曰：「叛否不可知，若行而後叛，是通賊也。不然何以先知？」卒不行，亂作，殺營官，肆焚掠，闔城擾攘。官民眷屬，奮夜驚竄，反依夫人為逃死藪。方是時，未叛者拒於內，曰：「夫人勿死，我輩受恩重，誓御賊以衛夫人。即不敵而死，主將聞之，亦見我輩心也。」已叛者拒於外，曰：「夫人勿驚，我輩受恩重，情急而叛，無與夫人事，誠慮外寇，驚及夫人，主將聞之，無以明我輩心也。」先是鎮署司餉朱之貴者，性吝刻，眾欲殺之。夫人藏於複壁中，佯令追捕，眾意乃釋。

黎明，叛眾請見夫人，奴婢及避難婦女，倉皇號涕求勿放入，夫人怒曰：「生死有數，敢涕泣者，懲之。且朽牆薄壁，脫有他意，誰能御之？請見則見，何畏之有？」命左右啟門而出，端坐堂上。叛首數十人，血臂淋漓，伏地痛哭，請送夫人出城。夫人曰：「誰則戕官殺人者抵命，於汝眾人何尤？速擒首逆，絕妄念，主將或可申奏朝廷，予以生路。」眾曰：「我輩結盟，誓同生死，不能遵夫人命，謹備輿馬以俟。」諸婦女又曰：「夫人行，我輩死矣。」夫人曰：「此輩皆我故舊，須隨我行，不得傷殘。」即出婢嫗衣履與官眷結束，次啟行。而已乃乘輿殿後。甫出署，叛眾發號傳隊以送。夫人呵曰：「止，此何時，而猶循此虛文耶？除現在署前者，餘皆不得露面。」眾唯唯，送至澗溝，哭拜而返。適遇之貴於途，舉刃擬之曰：「汝今日亦入我輩手耶？」之貴曰：「我藏復壁，夫人計也。夫人忘盥盆，命我送往，汝等欲殺我，即轉賚盥盆去。」眾審視良久曰：「且為此盆，饒汝。」

明日，行抵石泉縣，石泉百姓方遷徙，縣令不能止。聞夫人至，公服攀轅，留守城池越六日，始就興安免身。時典郡興安者，夫人從兄燮堂也。初勤勇於固原聞變，遣屬將選劓，而自帥親丁四人，冒雨急馳千二百里，三晝夜而至周至。得燮堂書，知夫人已往興安。即馳往石泉撫賊，解鄠縣圍。賊首蒲大芳，公舊部也，素得眾心。公又素得大芳心。乃單騎入賊壘，諭以順逆利害，說令投誠，仍同入寧陜鎮城，約束歸伍。而大芳心懷反側，意頗悔降，遂以願赴興安，迎致夫人為請，實以試主將心也。勤勇立允所請，不增一奴。或謂夫人明哲，必託辭不行。比大芳至，天大風雪，夫人冒雪抱子，泰然登程。越日，道過漢陰廳，大芳與同行王奉者相哄，夫人入廳署，訊知曲直，棍責大芳四十，械繫而行。將至鎮城，降眾代求免繫，更乞勿使主將知，夫人許之。及見勤勇，詢問公私，悲喜交集，獨不言途責大芳事。

居十日，各帥遣都守馳候勤勇，見左右役使皆叛黨，神情炯炯，相視無一言。少頃，請問密白曰：「各帥得漢陰稟函，知夫人途責大芳，恐降眾離心，故遣某等探候。」勤勇曰：「不知也。」入詢夫人，曰：「有之。」曰：「何無一言？」夫人曰：「是不必知，知而不誅則廢法，知而加誅則失信，我見不徹，不敢行，既行保其貼服，勿勞探也。」勤勇出語都守，歎服而去，其智略英果類如此。方叛兵之就撫也，廷議以勤勇在鎮，馭兵不嚴，削職戍伊犁，自謂立功贖罪，或可免行。夫人曰：「卒伍為逆，而主帥無罪，國家無此法度。所望君恩高厚，不久戍耳。」後一月，果蒙賜還。勤勇籍貴州，褫職自犍為南歸，舟子慫恿羅鹽，謂至沿河司可獲重利。夫人曰：「居官不宜重利，況數奇，始罷官之時，財祿可知。」力諫而始止。行抵黃瓜漕，前舟撞損。以載輕急駛近岸，人免而船沉。夫人善畫蘭，喜彈琴、讀書，尤識大義。嘗曰：「方寸靜潔，則理勝欲。念慮牽滯，則欲勝理。人生最忌情流為欲，則百事不得其正。」聞者尤敬服焉。

記勒保事

勒襄勤相國保督四川時，待僚屬以禮，即不歉意者，亦未嘗不飲人以和也。嘗語人曰：「我始由筆帖式官成都府通判，不得上官歡，時遭呵譴，同官承風旨，置之不齒。每衙參時，無與立譚者，抑鬱殊甚。又以貧故，不能投劾去，含忍而已。會聞新任總督某來，十年前故交也，心竊喜而不敢告人。總督將至，身先郊迎，辭不見，慍矣。抵城外上謁，又不見，更慍甚。乃隨至行轅，大小各官，紛紛晉謁，皆荷延接，而我獨不得見。手版未下，又不敢逕去。天氣甚暑，衣冠鵠侍，汗流浹背，中心忿恨欲死。正躊躇間，忽聞傳呼請勒三爺，不稱其官而稱行輩，具見舊時交誼。此一呼也，恍如羈囚忽聞恩赦。爰整衣冠捧履歷疾趨而入，則見總督科頭褐衣，立於簷下，指而笑罵曰：『汝太無恥，乃作此等形狀見余乎。』我稟請庭參，則掖之起曰：『不要汝磕狗頭。』回顧侍者，令代解衣冠曰：『為勒三爺剝去狗皮，至後院乘涼飲酒去。』我於斯時，越聞罵越歡喜，比至院中把酒話舊，則此身飄飄然若登仙境。較今日封侯拜相，無此樂也。時司道眾官猶未散，聞之俱驚。我飲至三更歸，首府縣官尚伺我於署中，執手問總督意旨。從此遇衙參時，逢迎歡笑，有進而與右師言者，有就右師位而與右師言者矣，而勒三爺之為勒三爺如故也。官場炎涼之態，言之可歎！故於今日待屬官有加禮以此，而不肯輕意折辱屬官，亦以此也。」方伯嘗舉以告人，自謂一生歷官，不敢慢易忽略人者，勒侯之教也。

顧吳優劣

吳梅村祭酒為一代詩人，直紹唐賢之學，而身為貳臣，名為之殺。當時身復出仕，涕泣謂人曰：「余非負國，徒以有老母，不得不博升斗供菽水耳。」當國變之初，吳平西為圓圓被虜，憤怒借兵復仇，祭酒作詩刺之。有「全家白骨成灰土，一代紅妝照汗青。痛哭六軍皆縞素，衝冠一怒為紅顏」等句。作此詩時，設心未嘗不佳，及身歷其境，未能隨遇而安，乃推諉以文其詐。若謂家貧親老，則崑山顧亭林先生境非富饒，堂上亦有老親，何以數詔不赴？且觀其《日知錄》、《郡國利病書》，經濟宏深，豈不肯為世用者？先生嘗勖其甥徐立齋相國曰：「有體國經野之心，而後可以登山臨水；有濟世安民之略，而後可以考古論今。」何等抱負，勝梅村遠矣。

彭雪琴軼事

湘陰彭雪琴宮保玉麐幼時，玉貌風流，丰姿俊雅。鄰女梅仙見而悅之，託嫗致意，願委身以從。宮保感其意，頗首肯。後格於勢，事遂寢。女因而致死，宮保傷之，誓願畫梅花十萬幅以報。故其題〈采石磯太白樓〉詩云：「詩境重新太白樓，青山明月正當頭。三生石上因緣在，結得梅花當蹇修。」「到此何嘗敢作詩，翠螺山擁謫仙祠。頹然一醉狂無賴，亂寫梅花十萬枝。」「姑熟溪邊憶故人，玉臺冰徹絕纖塵。一枝留得江南信，頻寄相思秋復春。」「太平鼓角靜無譁，直北旌旗望眼賒。無補時艱深愧我，一腔心事托梅花。」或謂此事未確，可以不必流傳，然兒女英雄，多情一轍，無庸為賢者諱也。

燒車御史

和珅柄國時，其家奴多乘高車，橫行都市，無所憚。湘鄉謝侍御振定方巡城，遇焉，捽而鞭之，火其車於衢，世稱燒車御史。後二十餘年侍御子興嶢，以固始縣令膺卓薦召見，上從容問曰：「汝即燒車御史之子乎？」不數月，特旨擢成都知府。

管侍御擬劾和珅

武進管侍御世銘在臺垣負抗直聲，一日與友人酒坐，時和珅以伯爵官大學士，眾譽伯揆無虛口，侍御被酒大言曰：「諸君奚為者？吾方有封事。」眾皆駭愕。是夕，侍御歸邸舍遽卒。見姚椿所作《管侍御唐詩選》書後。姚聞之洪稚存太史子符孫，符孫得諸太史。太史與侍御同里友善，其言當不謬（按：姚文雲錢通副澧以劾和珅，奉上命稽察軍機處，為權幸所困，衣食不豫，寒悴以死。世皆疑其被毒，惜翁獨明其不然。惜翁指姬傳先生也）。

吳園次之風義

清代駢體，自以陳檢討為開山。尤其才氣橫逸，澤古淵醰，而筆力又足以駕馭之，故隸事言情，具有六朝家法。一二俗調，不能為全集疵也。降而思綺林蕙，氣息茶弱，浪得名矣。顧聞吳園次慷慨義烈，敦尚友誼。長沙趙洞門總憲當柄用時，車馬輻輳，及罷歸，出國門，送者三數人，園次與焉。其召還也，賓客復集，園次獨落落然，蹤跡闊疏。合肥龔芝麓尚書提倡風雅，門生故吏遍九州，歿於客邸，兩孫煢煢孤露，無過存者。園次則哀而振之，撫其幼者如子，而字以愛女，至於成立。使名家子孫，無西華葛帔之歎，風義如是，文章餘技已。章檢討行誼亦純粹，見省府志本傳。

嚴武伯之義俠

虞山錢宗伯下世，其族人夙受卵翼者，妄意室中之藏，糾合亡賴少年，囂於宗伯愛妾所謂河東君者之室，詬厲萬端，河東君遂自殺。同縣嚴生武伯，不勝其憤，鳴鼓草檄，以聲厥罪，宗伯之家始安。夫宗伯以一朝魁碩，宗匠儒林，晚節摧頹，至盡喪其數十年談忠說孝之面目，其人誠不足論。第其生前獎惜孤寒，陶成後進，一旦聲華澌滅，而平日依草附木之輩，遂反唇而肆其訾謷。迄於家室漂搖，姬妾畢命，葛裙練帔，孤雛可憐，亦未始非人情之過薄。河東君一死報主地下，老尚書不知相對作何語。若嚴生者，可不謂古之義俠歟！

張廷玉馭吏之嚴

張文和公性寬厚，而馭吏特嚴。長吏部時，知有蠹吏張某者，舞弄文法，中外官屢受其毒，人呼為張老虎。公命所司重懲之，朝多為營救，公不為動，時稱公「伏虎侍郎」。一日坐堂上理事，曹司持一牒來，曰：「此文元氏縣誤書先民縣，當駁問原省。」公笑曰：「若先民寫元氏，外省之誤，今元氏作先民，乃書吏略添筆畫為需索計耳。」責逐黠吏，而正其謬，同官服其公敏。清代部吏弄權舞文，外官有事於銓部者，為吏所持，輒至質衣裝，貨車馬，舉債出國門，甚或蹭蹬終其身。如文和之察弊，亦中人才智所易及，乃晝諾坐嘯，目擊狐鼠之橫行，而噤不一詰，委蛇庸懦，豈復有人心耶？

鄂爾泰警世之言

文端嘗語人曰：「大事不可糊塗，小事不可不糊塗，若小事不糊塗，則大事必至糊塗矣。」見張文和澄懷園語。按文端生平識量淵宏，規劃久遠。此數語大有閱歷，足以警世之積轂把柁者。若夫胸無遠猷，疏闊僨事，輒藉口於不拘小節，則轉不知謹守繩尺之士，猶不至禍人國而害及蒼生也。

謝薌泉之疏闊

謝薌泉先生焚車事，世多稱之。其人大節不苟，然性疏闊。其居處几榻塵積數寸，不知拂拭，院中花草紛披，殊有濂溪不除階草之意。財物奢蕩，一任僕人侵盜，毫不介意。性復多忘，嘗新置朝衣，借法時帆祭酒著之，罷官後，遂不得取。及官儀部，當有祭祀，復欲市取。時帆聞之，故意問之曰：「吾記君嘗於某時新置朝衣，去日未久，何得遂無？」謝茫然曰：「此等物棄諸敝笥，安可索取？」法復曰：「或君曾假諸人乎？」謝仍不復記憶。法笑曰：「君於某日曾假余著之，今尚在余笥中，君果忘乎？」謝乃恍悟。其不屑細故若此。參觀燒車御史節。

劉文清晚歲改節

劉公墉為文正公子，少時知江寧府，頗以清介持躬名播海內，婦人女子無不服其品誼，至以包孝肅比之。及入相後，適當和相專權，公以滑稽自容，初無所建白。召見新選知府戴某，以其迂疏不勝方面，因問及公，公以也好對之，為上所斥。謝薌泉侍郎頗不滿其行，至以否卦彖辭詆之，語雖激烈，公之改節亦可知也。然年八十餘，輕健如故，雙眸炯然，寒光射人。薨時毫無疾病，是日猶開筵宴客，至晚端坐而逝，鼻注下垂寸餘。殆亦釋家所謂善解脫者歟？

彭雪琴畫梅

雪琴母太夫人山陰王氏女，其外王父遊幕皖北，太夫人行年三十有五矣，猶然待字。時封公為其地巡檢司，適喪偶，縣令為作合，遂成二姓之好。其後封公先卒，太夫人守節撫孤，備嘗辛苦。及其歿也，雪琴猶為諸生，不及見其貴顯也。然雪琴天資忠孝，功業爛然，稱中興名臣，足以慰節母地下矣。雪琴以諸生從戎，在軍中二十年，戰功卓犖，中外共見。然其人實溫溫儒雅，善畫墨梅。時俞蔭甫主講杭州詁經精舍，彭借寓湖樓，許畫梅花一幅，以當屋租。俞贈之詩，所謂「一樓甘讓元龍臥，數點梅花萬古春」也。後果踐斯言。俞於如冠九處，見其所書楹帖，有小印云：「兒女心腸，英雄肝膽。」又聞勒少仲言其一小印云：「古之傷心人。」賢者多情，即此可見矣。參觀彭雪琴逸事一節，即可知彭傷心之由矣。

曹文恪之健啖

清中葉大臣善啖者，首推曹文恪公，次則達香圃椿。人言文恪肚皮寬鬆，折一二疊以帶束之，飽則以次放折。每賜食肉，王公大臣，人攜一羊烏叉，皆以遺文恪，轎倉為之滿。文恪坐轎中，取置扶手上，以刀片而食之，至家，轎倉中之肉已盡矣。故其奏中有微臣善於吃肉之句，道其實也。香圃家甚貧，每餐或不能肉食，惟買牛肉四、五斤，以供一飽。肉亦不必甚爛，略煮之而已。人極儒雅，惟食時見肉至，則喉中有聲，如貓之見鼠者，又加厲焉。與同食者，皆不敢下箸。都城風俗，親戚壽日，必以燒鴨燒豚相餽遺。宗伯每生日，餽者多，是日但取燒鴨切為方塊，置簸箕中，宴坐以手攫啖，為之一快。傷寒病起，上問尚能食肉否，對以能食，於時賜食肉，乃竟以此反其病而終。

王文端之守正

公高不逾中人，白髮數莖，和藹近情，而時露剛堅之氣。其入軍機時，和相勢方薰赫，梁文定公國治為其揶揄若童稚，公絕不與之交，除議政外，默然獨坐。距和相位甚遠，和相就與之言，亦漫應之。一日和相執公手笑曰：「何其柔荑若爾？」公正色曰：「王傑手雖好，但不會要錢耳。」和赧然退。然乾隆帝深倚任之，和亦不能奪其位。嘉慶親政，公為首輔，遇事持大體，竭誠進諫，上亦優待之。其致仕歸日，上賜以詩，有「清風兩袖返韓城」之句，命皇次子親為祖餞以榮之。癸亥春，成德之事，公時已致仕，急入內請安，謂禮親王昭槤曰：「德為庖廚之賤，安敢妄蓄逆謀？此必有元奸大憝，主賄以行，明張差之事，殷鑒猶存。吾見上時，必當極力言之，以除肘脅之患，聊以盡老臣報主之心可也。」後上召見，公應對如前，上深然之。會某相國恐株連其戚，急治其獄，草率完案，致癸酉秋有林清突入禁門之變。上深思其言，命有司特賜祭焉。

吉慶之清廉

粵東制府，為天下繁華之區，居是官者，無不窮奢極欲，搜括明珠翡翠珍奇寶玉，載滿海舶而歸。惟覺羅吉慶督粵幾十年，不名一錢，几榻蕭然，渾如儒素。壬戌冬，博羅之變，公率提督孫全謀，極力剿捕，業已蕆事，而撫臣某素暴戾爭柄，公屢寬假，而某恐為公所害，因先發制之，密劾公疲軟失機數事，上命其究謀。某乃坐高座呼公至，宣上諭畢，即命公改囚服，並去僕從，鋃鐺縶頸，吏隸詆呵以辱之，並詈以讕謾之語。公憤然曰：「某雖不才，曾備位政府，不可甘受其辱，有傷國體。」因引佩刀欲自刎，某素多力因扼其左腕，公情急，遂取煙壺吞之，逾時而死。某遂以輕生上聞。公子壽喜，襲祖蔭散秩大臣，其家華門圭竇，初不知為曾任封疆者，則公之清介可知也。

楊天象之冤獄

乾隆末，海盜渠魁某橫行江浙洋面，下詔書命捕之，為崇明副將楊天象所獲。提督陳大用飛章入告，倉卒未會總督銜。總督某，髦而貪，且銜提督之獨奏也，思有以中之。已而有上旨命兩江總督審明正法，盜因以十萬金賄總督，總督受之。適揚州某太守自侍御外擢至江寧，上謁，總督語以是案，尚有可疑。太守遽曰：「綠營習氣，往往誣平人為盜，以自邀功，宜詳察之。」總督大喜，即以此案屬之，竟以誣良為盜定案，出盜於獄，而殺楊天象於海口，提督亦坐戍軍台。楊天象死之明日，總督出行香，若有所見，即日死。逾年，盜忽至山東巡撫衙門自首，歷言在江南被獲行賄得脫狀。東撫不欲興大獄，誅盜而諱其事。當天象死時，提協兩標兵皆呼冤擊鼓，願罷伍歸農，幾成大變。而上海之民，為天象焚紙錢灰如山阜。至清季邑中父老，猶能言之。乾隆朝自和珅秉鈞以後，政以賄成，以橫行江海之大盜，得賄則任其逍遙法外，而反置擒賊之將士於極刑，吏治之黑暗腐敗，未有甚於此時者也。顧當時倖免危亂者，因國家承平日久，小民安生樂業，準回衰亡，外無強敵，得以粉飾太平耳。無識之士，輒頌乾隆朝為極郅治之隆者，其亦曾一考其事實否耶？

王閻羅

漢軍王侍郎國安，康熙初撫浙，勤敏強記，所部吏民賢不肖及奸宄姓名，各有記籍，摘伏如神。嘗晨坐聽事，官屬以次晉謁，復延見鄉里耆老，問疾苦。甫闔扉，遽微服行闤闠間。或單騎出入山谷，訪諸不逞者，立擒至官，遠近駭服。會朝議欲棄舟山，徙民內地。公上疏力言不可，乃止。即今之定海廳也，浙人呼公曰「王閻羅」。

第三卷

郭琇勇於改過

湖廣制軍郭琇令吳江時，簠簋不飭。撫軍湯文正將劾之，郭立誓痛改，令役擔水洗縣堂及內室，示民以更新。後果操行峻介，卒稱直臣。康熙二十五年，文正於撫蘇任內，嘗薦琇居心沖澹，蒞事精銳，宜行取。部以催徵未完，議格，特旨允行，授御史。又三十八年春，聖祖南巡，至德州，見琇跪道旁，諭閣臣曰：「郭琇前令吳江，百姓至今感頌，其人有膽量，無朋比，可授湖廣總督。」知郭制軍之在吳江，其改轍以後，必有循良慈惠，深饜人心者。至於居臺垣時，劾河臣靳輔治河無功，劾大學士明珠、余國柱結黨營私，背公納賄，少詹高士奇、都御史王鴻緒等，招搖依附。一時方嚴抗直之聲，幾使輦下慄然，朝貴側目（詳見公所著《華野疏稿》）。其丰裁氣骨，作令時必已不凡，特年少闊疏，人言偶惑，宜文正儆厲而獎掖之。不然，士大夫一命甫膺，甘為墨吏，素絲已黷，白璧難磨，尚何晚節立功之可冀乎？命世如郭公，仍不能掩其生平之一節，有位君子，庶知懼焉。

楊馝之治行

楊公馝靜山，康熙朝循吏也。知固安，預修永定河。故事，秋汛畢即興工。時永定河道黃某，賦役錢不均，遲延及冬，朝涉者股戰，公意憐之，許日出後下钁。黃巡工，遲民之來，欲笞之。公力爭不得，乃直前牽馬至凍處曰：「公能往，民亦能往，此時日高出，公重裘尚瑟縮，乃責此赤脛者戴星來耶？」黃大恚，將繕牒劾。會巡撫李文貞過柳家口，聞其事，召謂曰：「汝年少能然，古之任延也。」勞以酒，解裘衣之。事得釋，調宛平。聖祖巡畿南，固安老幼爭乞留。聖祖曰：「別與汝固安一好官何如？」一女子對曰：「何不別以好官與宛平耶？」聖祖大笑，以為誠，許食知州俸，仍令固安。尋遷雲南麗江府，麗江故苗地，新歸版籍。公乃召土官為典史，諸里魁以頭目充。令人樹榆一本，畝蓄水一溝，建文廟，定婚喪之制。期年歲熟，俗為一變。民飾廟以祀，號為「第一太守祠」。累遷至四川巡撫。乾隆初，緣言事罷，再起，以光少告歸。

洪文襄款客

洪文襄晚年，既謝事，復獨居侘傺。有其同鄉士人往謁，公拒不見。士人歸旅邸，無聊甚。

晚間相傳相國回拜，已至門矣。士人趨出，公降輿握手，故作寒溫泛語。久之入，則四庭肴饌備陳，珠簾繡幕，華燈煇熠。公延客入，首席陪座者，皆一時名士。既而笙管繽紛，伶工畢集，演劇數出，酒數行罷，公起告辭，士人送出，公又辭讓，須臾乃登輿去。士人返舍，依然寒燈如豆，破壁頹垣猶如故也。蓋公久蓄將略，無所施為，聊借款客以展其懷抱耳。

簡謙居之守正

蜀中簡公謙居，天資絕人，凡有記覽，過目不忘。康熙辛亥視學江南，江南財賄所都，前學使者無不藉營金窟。公至力反其弊，勢挾利誘，屹不為動。每發榜後，進諸生而面誨之。某某解題中款，某某用古入化，並不擁卷於案，皆能背誦其文。試蘇州，題中有「上」字，一生因公名上，遂寫上為尚。公呼是生問故，生曰：「憲名未敢正書耳。」公怒曰：「汝將以此求媚耶？士人行己，貴乎立品，即小可以見大，即窮可以徵達，推此意也，他日僥倖立朝，則婢膝奴顏，汝必安為之矣。」跪生於庭，立命改正。

又數年，公補粵西右江道。北地崔維雅者，傾險人也，向與公同官，屢有於請。公薄其為人，不甚應之。是時升任粵藩，護理院事，遂以故巡撫郝公與公有交，借事誣奏，繫公於獄。公無以自明，吞金而歿。其明日之午，維雅方啟門視事，忽狂呼曰：「簡公來矣！」倉皇亟趨下階，伏地叩顙不已。復起立，脫帽脫衣，反手面縛，左右扶入內室，乃絕。維雅疏下部議，白公無罪，而公已歿，天下莫不冤之。

湯文正之清介

睢州文正潛庵先生，以江南巡撫內遷大司空。其歿於京邸也，同官唁之，身臥板牀，上衣敝藍絲襖，下著褐色布褲。檢其所遺，惟竹笥內俸銀八兩。崑山徐大司寇賻以二十金，乃能成殯。其清介若此，而生前猶有以偽學劾之者。獨為君子，不其難乎！

跛金

金光字公絢，浙江義烏人，知書有權略。尚可喜從遼陽入關，得光甚喜，置之幕下，凡有計議，必咨於光而後行。然光頗自負，意不欲屈人下，乘間潛逃。可喜遣健卒追還，抉其足筋，令不可走，而禮愛益加，於是跛金之名遂著。順治中，可喜入粵，進爵平南王。其長子俺達公之信酗酒暴逆，王之宮監，適有事於公所，偶值其醉，忽指監曰：「汝腹何大也？此中必有奇寶，我欲開視之。」以匕首刺監腹，應刃而斃。王之堂官王化者，年已六十餘，盛夏苦暑，袒而立於庭。之信憎其年老，笑謂化曰：「汝鬚眉太白，我當黑之，遂縛化曝烈日中，自巳至酉，百計求免，始得脫。王大忿恚，呼之信杖之三十，而耑恣益甚。光因乘間言俺達公剛而多虐，勇而寡仁，若以嗣位，必不利於社稷，請廢而立次子固山。王深然其說，因復猶豫，終未即行。光窺王無廢立意，恐謀洩見疑，遂曲順之信所為。凡鑿山開礦，煮海鬻鹽，遣列郡之稅使，通外洋之賈舶，無不從光擘畫。是以藩府之富，幾甲天下，而光之富亦擬於王。

丙辰二月，鄭錦下東管，馬雄入南海，趙天元、謝厥扶俱以舟師迎降。之信計無所出，乃死光以辭於敵。謂向之抗衡上國，久持弗下者，皆此人之為也，遂納款偽周。時可喜屏居舊府，聞之，深悔不用光言，以速光之死，流涕太息者累月，不久亦歿。

謙語成讖

陳桂林文恭，性謙下。尹文端居首揆，素所推仰。一日文恭病，文端往視曰：吾輩均老，不知誰先作古人。文恭拱手曰：還讓中堂。蓋習於撝謙，初不覺也。文端默然。及文恭予告歸，方戒途，傳聞文端騎箕之信。欲回京一弔，家人力阻，行至韓莊而薨。

于文襄之敏

乾隆初，軍機大臣入參密勿，出覽奏章，無不摒除奔競，廉直自矢。如果毅公訥親，其人雖谿刻，不近人情，而其門庭闃然，可張羅雀，其他人可知矣。惟汪文端公由敦愛惜文才，延接後進，為世所訾議。然所拔取者，皆寒畯之士，初無苞苴之議者。于文襄敏中承其衣缽，入調金鼎，初尚矯廉，能以蒙上眷，繼則廣接外吏，頗有簠簋不飭之議。再當時傅文忠、劉文正諸公相繼謝事，秉鈞軸者，惟公一人，故風氣為之一變。其後和相繼之，政府之事益壞，皆由公一人作俑，識者譏之。然其才頗敏捷，非人之所能及，其初御制詩文，皆無預定稿本，上朗誦後，公為之起草，而無一字之誤。後梁瑤峰入軍機，上命梁掌詩本，而專委公以政事，公遂不復留心。一日上召公及梁入，復誦天章，公目梁，梁不省。及出，公待梁謄默，久之不至。問之，梁茫然。公曰：「吾以為君之專司，故老夫不復記憶，今其事奈何？」梁公愧無所答。公曰：「待老夫代公思之。」因默坐斗室中，刻餘錄出，所差惟一二字耳，梁拜服之。故其得膺天眷在政府幾二十年，而初無所譙責者，有以哉！

張文襄遺事

光緒某年，文襄以鄂督入朝。公餘，偶遨遊琉璃廠，瞥見一古董店，裝潢雅致，駐足瀏覽。庭中陳一巨甕，形制奇詭，古色斕斑，映以玻璃大鏡屏，光怪陸離。絢爛奪目。諦視之，四週悉篆籀文，如蚓如蚌，模糊不可猝辨。文襄愛玩不忍釋，詢其價則某巨宦故物，特借以陳設，非賣品也，悵悵歸。逾數日，又偕幕僚之嗜古者往觀之，亦決為古代物，文襄愈欲得之。肆主允往商，未幾偕某巨室管事至，索值三千金。文襄難之，詢其家世不以告。往返數四，始以二千金獲之。舁至鄂，命工拓印數百張，分贈僚友。置之庭中，注水滿中，蓄金魚數尾，僕從或以刀試之，似受刃。一夕大雷雨，旦起視之，則篆籀文斑駁痕，化為烏有矣。蓋向之蒼然而古者紙也，黝然而澤者蠟也，骨董鬼偽飾以欺人者也。文襄為之不怡者累日。

文襄督兩廣時，倪公文蔚為巡撫，文襄以倪新進，頗慢易之。倪亦負氣不稍讓，二人意見日深，時相齟齬。一日倪以事謁總督，文襄拒不納，三謁三拒之。倪問何時可見，期以旦日日中。倪先期往，日過午，仍不獲見。倪私問僕從：「大人有客乎？」則對曰：「無之，簽押房觀文書耳。」問何不稟報，則曰：「大人觀文書，向不許人回話。」倪愈不懌，大步闖然入，戈什大聲言巡撫至。瞥見文襄執書坐安樂椅中，若為弗聞也者。倪忿然作色曰：「督撫同為朝廷命官，某以公事來，何小覷我也？」拂衣竟出，欲辭官，將軍出調和之。為置酒釋嫌，二公皆許諾。屆期倪先至，文襄日旰不來，將軍強致之。至則直入坐上座，將軍起奉卮，文襄立飲之。將酌以奉倪，文襄又飲之。倪大怒，推案起，脫帽抵几，徑回署，即日謝病。政府知之，乃調倪他所。

倪既去任，文襄獲理巡撫，兩署懸隔，往返頗不便。思空中構鐵橋，溝通兩署，召工僱值約二十餘萬金。款無出，頗躊躇。忽接港電，有候補縣某，持總督印札，借某事向港澳華商募捐，已集得銀十萬餘，未審有之乎？文襄愕然，已即復電言有之。適某兵輪以事至港，即命管帶誘其人偕來，毋使逸。既至署，命閉之空室中。某知敗露，首領將不保，彷徨無所措，欲自裁。窗外環伺者眾，不得隙。夜二鼓，文襄自內出，某愧汗伏地，叩頭請罪，文襄不顧，但曰：「汝膽大至此，不可赦，不可赦。」良久良久，乃命之起，賜坐，加以顏色曰：「吾今赦汝，汝能更為此乎？」某惶恐曰：「願盡力。」於是更給以札，使往南洋群島，又募得十數萬金，而鐵橋以成，橋成後，每夕陽欲下時，姬妓輩或靚妝炫服，逍遙其上，人望之如天半神仙云。後某督至，始拆去之。

張文和之才

張文和公輔相兩朝，幾二十餘年，一時大臣，皆出後進。年八十餘，精神矍鑠，裁擬諭旨，文采瞻備。當時頗譏其袒庇同鄉，誅鋤異己，屢為言官所劾。然其才幹實出於眾，凡其所平章政事及召對諸語，歸時燈下蠅頭，書於秘冊，不遺一字，至八十餘書。嘗顛倒一語，自擲筆歎曰：「精力竭矣。」世宗召對，問其各部院大臣及司員胥吏之名姓，公縷陳名姓籍貫，及其科目先後，無所錯誤。又以謙沖自居，與鄂文端公同事十餘年，往往竟日不交一語。鄂公有所過失，公必以微語譏諷，使鄂公無以自容。暑日鄂公嘗脫帽乘涼，其堂宇湫隘，鄂公環視曰：「此帽置於何所？」公徐笑曰：「此頂還是在自家頭上為妙。」鄂神色不怡者數日。然其善於窺測上意，每事先意承志，後為高宗所覺，因下詔罪之，逐公還家。致使汪文端於文襄輩，互相承其衣缽，緘默成風，朝局為之一變，亦公有以致之也。

彭剛直之知遇

彭剛直公不能作楷書，試卷謄正，往往出格，九應童試，皆坐是被斥。時浙人高某，視學湖南，嘗微行物色佳士不可得。最後過剛直故里，聞讀書良苦，循審所習，似非制藝，異焉。再視屋宇甚陋，門有聯曰：「絕少五千柱腹撐腸書卷；只餘一副忠君愛國心肝。」書勢雄傑，不顏不歐，似未曾學者。叩鄰右得剛直名姓，及其家世，知必應試，遂心志之。是歲按臨長沙府屬，得一卷，書勢雄傑，似曾經眼，恍然有所感觸，竟拔置第一。迨揭曉，果係剛直，大悅。參謁時，歷述所見告之，剛直感恩知己，請列門牆，執師生禮。高致仕後，子若孫倦讀淫博，不能世其家業，而彭已貴，為擇地築園墅報之，即今高莊是也。

袁爽秋

袁爽秋之夫人薛氏，學問宏深，博通經史，有不櫛進士之譽。爽秋學問，夫人攻錯之力居多，故爽秋有季常之懼，然實另有原因也。傳聞爽秋本姓某氏，為袁某乞養子，故冒其姓。幼時家貧，為人牧牛，常戲登桐廬塔頂。鄉愚野老，謂其必發達，以該塔素名有鬼嬲人，爽秋登之無恙也。及十二三歲，某戚攜之北上，流落都門，薛尉農收養之，執雜役焉。後因某事對答數語，尉農大奇之，使伴諸子讀，遂妻以女。有謂爽秋實為養父挾之北上，適值薛尉農擇婿，爽秋預其選。蓋爾時尉農所注意者二人：一為楊廷甫，一為袁爽秋。薛尉農之夫人親相之，並閱二人文，謂楊廷甫必可點翰林，袁爽秋不過進士而已。且楊貌優於袁，欲婿楊，薛慰農則謂楊雖可入詞苑，終不過翰林而已。袁雖不能入詞苑，必有督撫之望，為一代名人，遂決婿袁云。庚子之難，爽秋從容就義，實其夫人薛氏所主持也，可謂巾幗英雄矣。不櫛進士，豈虛譽哉！

弔袁爽秋詩

桐廬袁爽秋先生，文學治行，並世無匹。庚子事變，抗疏嚴劾端、剛，身遭駢戮。張文襄過蕪湖，賦詩三章弔之云：「七國聯兵竟叩關，知君卻敵補青天。千秋人痛晁家令，曾為君王策萬全。」「民言吳守治無雙，士道文翁教此邦。黔首青衿各私祭，年年萬淚咽中江。」「西江魔派不堪吟，北宋新奇是雅音。雙井半山君一手，傷哉斜日廣陵琴！」弔太常者夥矣，如此詩之情文雙摯，未之見也。

記寶竹坡父子

前清之季，宗室中最明達者，無若寶竹坡父子。竹坡君名寶廷，痛朝政不綱，於浙督學任內，娶江山船妓女，復上疏自劾，部議落職。竹坡往來西山，以詩酒自娛，灑然有遺世之念。嘗有句云：「微臣好色詳天性，只愛風流不愛官。」其佗傺可想。其子壽富字伯福，官庶常，告八旗子弟書，中有句云：「民權起而大族之禍烈，戎禍興而大族之禍更烈。」所謂大族者，即指八旗，亦若逆知庚子之變與去年革命之事者。當時八旗人士詈伯福者盈耳，指為妖妄者，十人而九也。伯福既為書告八旗子弟，又與吳彥復君保初創「知恥學會」於宣武城南，奔走叫號，所至強聒，而一般士大夫，率掩耳而走。

戊戌政變後，徐蔭軒指為妖人，以宗室故得免誅戮，而令其妻父聯元嚴加約束。伯福既常居岳家，以詩酒自晦，間為聯元陳說時局大勢，聯元甚韙之。拳亂起，聯元力陳拳不可恃，遭駢戮。伯福痛其外舅為己而死也，則大慟。聯軍入京，遂與其弟富壽仰藥偕殉，瀕死為絕句二首云：「袞袞諸王膽氣粗，竟輕一擲喪鴻圖。請看國破家亡後，到底書生是丈夫。」「薰蕕相雜恨東林，黨禍牽連竟陸沈。今日海枯見白石，兩年重謗不傷心。」玩其詞躊躇滿志，真有視死如歸之樂。伯福為人，勇於自任，慮一事，發一言，千人非笑，不顧也。通州張季直贈詩中有句云：「坐閱飛騰吾已倦，禁當非笑子能雄。商量舊學成新語，慷慨君恩有父風。」可以為伯福寫照。

同光樞臣之消長

同光之際，當國樞臣，分數時代。同治初元，為文祥、沈桂芬時代。時大亂初平，瘡痍未復，正可改革政體，以固國本。文祥雖不學無術，猶知引沈桂芬自助，實為漢人掌握政權嚆矢。故李鴻章、翁同龢亦聯袂而起，時封疆大吏，漢人居半。即樞要之地，實力亦漸加增。同治中葉，宇內得以少安者，職是故也。光緒初，變為孫毓汶、徐用儀時代。然孫名為漢人，實仰滿人鼻息，尤與李蓮英狼狽為奸。徐用儀則唯唯諾諾，聽孫指揮。十年至二十年高陽、常熟又攜手入，然高陽守有餘而才不足，常熟極思振作，而掣於西后之肘，亦不能大展其長，且觸滿人之忌，故收場尤落寞。二十年後，則剛毅、榮祿時代，純為滿人猿臂伸張之日。繼之者奕劻、世續、那桐沆瀣一氣，固守藩籬，如瞿鴻禨、徐世昌、林紹年皆在奕劻之下。如張之洞等，雖權力稍增，而為日無多，不能發展矣。

百文敏軼事

百文敏菊溪總制兩江時，閱兵江西。贛撫某中丞初與之宴，百嚴厲威肅，竟日無言，自中丞以下，莫不震懾。次日再宴，演劇。有優伶名荷官者，舊在京師，色藝冠倫，為百所昵，是日承值，百見之色動，顧問：「汝非荷官耶？何以至是？年稍長矣，無怪老夫之鬢皤也。」荷官因跪進至膝，作捋其鬚狀曰：「太師不老。」蓋依院本貂蟬語，百大喜，為之引滿三爵，曰：「爾可謂『荷老尚餘擎雨蓋』，老夫可謂『菊殘猶有傲霜枝』矣」。荷官叩謝。是日四座盡歡，核閱營政，亦少舉刻，不知此承值者適然而然耶？抑中丞預儲以待耶？預儲以待，則與江南主之待陶穀，文潞公之待何剡，王鐵之待韓璜等事絕類。

丁卯，百以兩粵開府乞病內用，入都時，或謁之於道次，百蹙然曰：「吾以刑部尚書用，漢員為金蘭畦光悌，其人張湯郅都也，吾不與衡，如民命何？」客曰：「昔徑山示童子案云：『汝進一步則死，退一步則亡，作麼生？』童子曰：『吾旁行一步何妨？』」百頷之者再。陛見時，乃力陳病尚未痊，乞閒散自效，遂改總憲。庚午以兩江節鉞底定李家樓漫口，合龍後，至龍王廟行禮竣，僚屬以至卒徒，均叩謝且賀。百忽一例遵跪，眾大駭曰：「卑職與小的曷敢？」百喟然曰：「當在壩上時，何所分大人、卑職、老爺、小的也，驚濤一刷，貴賤同流，諸君不顧身命為朝廷事，皆吾好朋友。」指帽上紅頂曰：「永矢此心，諸公皆可戴耳，王侯將相，寧有種乎？」眾均崩角，至有泣不能起者。百晚節頗有墨名，然幹練能任事，亦滿大員中之能臣也。

施青天

施漕帥世綸有權術，任京兆尹時，金吾帥托公和諾，以寵幸冠一時，轎前常擁八騶，施遇諸途，乃拱立道旁，長揖以俟之。托驚駭下轎問之，施忽厲聲曰：「國制非王公不設騶馬，吾以為諸王至此，拱立以俟，孰意其為汝也？」欲立劾之，托謝之乃已。俗呼曰「施青天」云。

施世綸政績

清代循吏，為庸俗婦孺所最稱道者，莫如施世綸。院曲盲詞，盛演唱其政績者，蓋由小說中刻有《施公案》一書，比公為宋之包孝肅，明之海忠介，故俗口流傳，至今不泯也。按公當官實廉強，能恤下。初知江南泰州，值淮安下河被水，詔遣兩大臣蒞州督堤工，從者驛騷閭里，公白其不法者治之。湖廣兵變，援剿官兵過境，沿途攘奪，公具芻糧以應，而令人各持一梃列而待，有犯者治之，兵皆斂手去。守揚州江寧，所至民懷，以父憂去（按公為靖海侯琅次子）。乞留者萬人，不得請，乃人投一文錢建雙亭於府衙前，名「一文亭」。累遷督漕運，奉命勘陝西災，全陝積儲多虛耗，而西安鳳翔為甚。將具疏，總督鄂海以公子知會寧也，微詞要挾，公笑曰：「吾自入官，身且不顧，何有子？」卒劾之，鄂以失察罷。公平生得力在「不侮鰥寡，不畏強御」二語。蓋二百餘年茅簷婦孺之口，不盡無憑也。

洪承疇母

洪經略入都後，其太夫人猶在也。自閩迎入京，太夫人見經略，大怒罵，以杖擊之，數其不死之罪，曰：「汝迎我來，將使我為旗下老婢耶？我打汝死，為天下除害。」經略疾走得免。

沈百五

明末，崇明有沈百五者，名廷揚，號五梅，家甚富，曾遇洪承疇於客舍。是時洪年十二、三，相貌不凡。沈以為非常人，見其窮困，延之至家，並延其父為西席，即課承疇，故承疇感德，嘗呼沈為伯父。後承疇已貴，適山東、河南流賊橫行，淮河糧運輒阻，當事者咸束手，於是洪薦百五。百五乃盡散家財，不請帑藏，運米數千艘，由海道送京。思陵召見，授戶部山東清吏司郎中，加光祿寺卿。

不數年，承疇已降清朝，百五獨不肯，脫身走海，尚圖結援，為清兵所獲，洪往諭降。百五故作不識認曰：「吾眼已瞎，汝為誰？」洪曰：「小姪承疇也，伯父豈忘之耶？」百五大呼曰：「洪公受國厚恩，殉節久矣，爾何人斯？欲陷我於不義乎！」乃揪洪衣襟，大批其頰。洪笑曰：「鐘鼎山林，各有天性，不可強也。」遂被執，至於江寧，戮淮清橋下。妾張氏，收其屍，盡鬻衣裝，葬之虎丘東麓，廬墓二十年而死。初，百五結援時，有死士五百人，沈死後，哭聲震天，一時同殉，殆有慘於齊之田橫云。

吳留村

吳留村名興祚，字伯成，其先本浙之山陰人。中順治五年進士，時年十七。其明年，即選江西萍鄉縣知縣。遷山西大寧縣知縣，升山東沂州府知府。以事鐫級，左補江南無錫縣者十三年。政通人和，士民感戴。忽有奸人持制府札，立取庫金三千兩，吳疑之，詰以數語。其人伏罪，乃告之曰：「爾等是極聰明人，故能作此伎倆，若落他人手，立斬矣。雖然，看汝狀貌，尚有出息。」乃畀以百金，縱之去。後數年，閩寇日熾，吳解餉由海道至廈門，忽逢盜劫，已而盡還之。盜過船叩頭謝罪曰：「公，大恩人也。」詢之，即向所持札取庫金者。由是其人獻密計為內應，將以報吳，時閩浙總督為姚公啟聖，與吳同鄉，商所以滅寇之法。康熙十五年冬，八閩既復，姚上聞，特擢福建按察使，旋升兩廣總督。留村在無錫，既膺殊遇，夙駕將行，錫之父老士庶，被澤蒙庥者，自縣治以至河干，直達於省城之金閶門。八、九十里，號泣攀留，行趾相接，不下數萬人。其搢紳及受知之士，則操舟祖道，肆筵設席，鼓吹喧闐。或有執卮酒以獻於道者，亦連檣數十里，依依不捨。使君為之泫然，士民之感德如此。

李敏達逸事

康熙末，各省錢糧多虧，世宗詔清查，天下震懾。李敏達公衛，總督浙江，聞之，詣內幕問策，皆瞠不語。公曰：「不請朝臣來，天子弗信。朝臣至而督撫無權，事敗矣。宜速繕一疏，極言浙省廢弛久，誠得內大臣督治甚善。但內臣初至，未得要領，臣身任地方，需臣協理，事裁辦。」疏成，馳奏。即詐稱生日，開筵受賀，浙中七十二州縣，無不麇集者。公張燈陳百戲，止而觴之，召諸州縣至密室，語曰：「清查使者至矣，汝庫虧絲毫勿欺我，我能救汝，否者發露被誅，勿我怨。」皆泣謝曰：「如公教。」歸皆核冊密呈，其無虧者，具狀上。亡何奏下，許公協理，清查大臣戶部尚書彭維新實來。先至江南，江南督撫不敢闖語，一聽彭所為。

彭天資險鷙，鉤考煩密，民吏不堪，州縣擬流、斬、監、追者無算。畢，到浙，氣驕甚。公迎見，即持硃批示之曰：「朝廷許衛與聞，公勿如江南辦也。」彭氣沮，稍稍禮下於公。公置酒宴彭，半巡執懷歎曰：「凡共事者，未有不爭者也。某性粗，好與人角，屢蒙上誨。今誓與公無爭而後可，但不知如何而後可以無爭。」彭曰：「分縣而辦何如？」公曰：「善。」呼侍者書州縣名若干，搓小紙如豆，髹盤盛與彭，起分拈之，暗有徽記，彭不知也。其虧者，歸公，其無所虧者，歸彭。彭刻苦辜較，手握算，至胼起，卒無所得。而公密將贓罰閒款，鹽課贏餘，私攤抵矣。故使人問曰：「有虧否，何如？」彭曰：「無之。」彭問公，公陽為喜出意外者，而應曰：「亦無有也。」遂兩人同奏浙省無虧。世宗大悅，語人曰：「他人聞清查多憂愁，獨李衛敢張燈宴，彼教督有素，自信故也。」晉秩太子太保，賞賜無算，各官俱加一級。江南之人，望如天上。

河東總督田文鏡柄用時，忌公，暗劾公，上不為動。田懼，轉結納，伺公居太夫人喪，遣人以厚賻弔。公罵曰：「吾母雖餒，不飲小人一勺水也。」麾使者於大門之外，而投其名紙於溷中。然性極服善，一日坐堂上，命吏胥田芳作奏，請封五代。田不可，曰：「封典止三代，無五代，芳不能作此奏。」固命之，對如前。公大怒，罵曰：「畜產，例自我創，何干汝而逆我？」田遽起立，勃然曰：「公大誤，公怙天子一時寵，忘王章。芳故曉公，公當謝芳，乃辱及其親何也？且公為人子孫，封三代而猶未足，芳亦人子孫，未封一代。而公以畜產寵秩之，何用心逆人道耶？芳殊不服！芳殊不服！」公素負氣，忽公堂為吏所折，窘不知所為。強復怒曰：「便是我誤，汝不服，奈何？」曰：「公大人也，芳小吏也，豈特公詈芳，芳無如公何，即公杖死芳，芳亦無如公何。所可惜者，大人之威，能申於小吏，而小吏之理，殊直於大人耳！」言畢竟走出。公默然，顧左右，亂以他語而罷。是晚召芳，芳疑公蓄怒，將陰禍之。入，色如土。公握其手，笑曰：「汝有膽識而辱為吏，可惜！吾貸汝千二百金，納縣丞，他日事上官，亦以直道行之。」田泣謝，得富平縣丞，選鳳翔令，以賢聞。

傅卓園者，名魁，公標下卒也。少無賴，以材武入勇健營。涿州大盜李自洪，力敵千人，匿大邵村牛四家，公命卓園往擒。卓園請標下李昌明及韓景琦俱。公笑曰：「汝往，能擒此賊。昌明往，非昌明殺賊，則賊殺昌明。韓景琦往，必誤乃公事。不信，如汝意試之。」卓園夜至牛村，自洪方謀劫冉貢生家，未發。卓園破門入，昌明舞雙錘先登，賊暗中斲之，傷，大呼仆地。卓園繼進，門小，器無所施。棄其戟，手掐賊陰而曳之，小腸出矣。賊抱卓園，刃其背萬千，幸衷甲不死，然骨入者寸許。卓園繞賊腸於臂，至三匝，賊猶能運刀。韓景琦急來助，昏黑不辨，捧傅足，以為賊而縛焉。傅自念受兩人敵必敗，不得已，逆而踐之，繩三重皆斷。韓仆出數步外。天漸明，三人共縛盜，獻之轅。公大笑曰：「吾所料何如？」盜且死，顧行刑者曰：「吾為盜三十年，殺人如草，官兵屢捕，無敢格鬥，今擒我者壯士也，願一見而死。」或指卓園，盜運目久之，歎曰：「我久當死，死於足下，值矣。我所遺寶刀，知足下來，哀鳴三日，宜贈子佩之。我死不悔為盜，悔不知天下之尚有人也。」

陳恪勤軼事

陳恪勤鵬年，字滄州，以康熙辛未進士，知衢州府西安縣，有善政。大學士張鵬翮薦之，移知山陽，遷知海州，再遷知江寧府。清聖祖南巡，總督阿山借供張名，欲加稅，公不可，乃以他事中之，落職。按驗，聖祖赦之，命入武英殿修書，起知蘇州府。公廉幹有才，民愛之如水趨壑，每褫職按問，老幼罷市聚哭，持糒醪相遺。滿州駐防兵亦率男婦踏門入，牽袍嗅靴，求見陳青天狀貌。聞赦詔下，焚香跪北呼萬歲者，其聲殷天。繫江寧獄，或絕其食，獄卒憐之，私哺以餅，為守者李丞偵知，怒杖卒四十。日通一勺水，入獄者如之，公自分命絕矣。忽聞外有貴人騶唱聲甚高曰：「獄官來，我浙江巡撫趙申喬也，入覲時皇上命我語江南督撫『還我活陳鵬年』，不知汝等可知否？」言畢去，不與公交一語。

未十年，公總督南河，李為邳睢同知，大懼，來謁公。公無言，李心稍安，疑公忘之矣。居亡何，黃河南岸崩，芻茭翔貴，治者竹楗石菑，需金萬。公張飲，召河官十餘人入，酒行，歎曰：「鵬年餓江寧獄幾死，不意有今日。」自賀一觥，且飲且目李，目閃閃如電，鬚髯翕張，李色變，客亦瞠視，不知所以。公笑曰：「諸君不賀我乎？盍盡一觥？」合席諾聲如雷，不能者強畢之。俄奴捧饔飧樽出，磁而鍍金者也，狀獰惡。公起手斟之，徧示客曰：「滿乎？」曰：「滿矣。」持行至李所，曰：「某年月日為一餅故，杖獄卒，欲餓我死者，非他人即足下也。今河岸崩，百萬生靈所關，不比老陳性命不值一錢也。罰汝飲，即往辦治，放一勺水入民田者，請敕書斬汝，亦使群公知鵬年非報私仇者。」李長跪，色若死灰，持樽，樽墮地碎，兩手自博，叩頭數百。滿席客咄嗟回首，無一人忍睇其面者。李出，傾家治河。河平，來驗工官，纓帽小車，所杖江寧獄卒也。既李竟慚恨死。

公於故人子弟，孤寒後進，汲引如不及。賓從歡飲，而公目覽手答，沛然有餘。每用人，則其家之一蹄一縷，必為資送，稱善廣座，訓過密室，人銜感次骨。入獄逌然，自憶未了事曰：「杜茶村未葬，某僧求書未與，布衣王安節缺為面別。」從容料量，承鎖而行。在蘇昇鬱林石於郡學，遊焦山，遣人泅水，取瘞鶴銘，為亭護之，其標奇如此。所著詩文若干卷，其被逮入京也，除夕，市米潞河。主人問客何來，曰：「陳太守。」曰：「是湘潭陳公耶？」曰：「然。」主人曰：「是廉吏安用錢為？」反其直，問住某所。次日戶外車聲轔轔，餽米十石，書一函，稱天子必再用公，公宜以一節終始，毋失天下望，紙尾不著名姓。問擔夫曰：「其人姓魏。」訪之，則閉戶他出，竟不知何許人也。

于清端政跡

于清端成龍治術，為清循吏之最，以州牧屢遷至福建按察使。福建當耿忠精亂後，公撫綏遺民，多惠政。巡撫直隸，總督兩江時，官吏望風改操。知公好微行，遇白髯偉貌者，群相指震懾。士民有歡笑，無管弦，游惰不空手，櫃坊無鎖。公清介絕俗，重門洞開，白事官吏，直入寢室。左姜豉，右簿書，狀如鄉里學博，而用兵如神，尤善治盜。知黃州時，聞張某者，盜魁也。崇墉高垣，役捕多取食焉。慮少遼緩，奸不得。乃半途微服，傭其家，詭名楊二，司灑掃謹，張愛之，使為群盜先。居亡何，盡悉盜之伴侶、胠篋、機密、綽號乃遁去。鳴鉦到官。一日，集健步約曰：「從吾擒盜，具儀仗兵械，稱姪前行。」至張所，排衙於庭，大呼盜出。張錯愕迎拜猶抵攔。公曰：「勿承，可仰面視，我楊二也。」張驚，伏地請死。公取袖中大案數十擲與之曰：「為辦此足以贖矣。」張唯唯。公留健役助之。不數日，群盜盡獲，其殺人者活埋之。

武昌營弁某弟素無賴，適遠歸，是夜軍餉盡劫，弁告弟所為，被刑誣服，連引十餘人。獄具獻盜，公破械縱之。撫軍驚問，曰：「盜冤。」曰：「真盜何在？」公指堂下一校曰：「是真盜也。餘黨進香木蘭山，今晚獲矣。」未幾獲盜，贓尚在校家，封識宛然。江寧盜號魚殼者，蹻捷，倚駐防都統為解，有司莫能擒。公抵任時，官吏憚公，遠迎公，日旰不至。方驚疑探刺，而邏者報公早單車入府矣。群吏飾廚傳，不受；餽饌牽，不受，一郡不知所為。按察使某，公年家子也，從容言公過清嚴，則上下之情不通，某意欲具一餐為雅壽。公笑曰：「以他物壽我，不如以魚殼壽我。」按察司喻意出，以千金為募。

雷翠亭者，名捕也，出而受金。司府縣握手囑曰：「我等顏面寄汝矣，勉之！」翠亭質妻子於獄。偵知魚方會群盜，張飲秦淮。乃偽乞者，跪席西，呢呢求食。魚望見疑之，刃肉銜其口。雷仰而吞，神色不動。魚咋曰：「子胡然？子非丐人，子為于青天來擒我耳，行矣，健兒肯汝累乎？」翠亭再拜。群役入，跪而加鎖，擁之赴獄。司府縣賀於衢。是夕公秉燭坐，樑上砉然有聲，一男子持匕首下。公叱何人，曰：「魚殼也。」公解冠几上，指其頭，曰：「取。」魚長跪笑曰：「取公頭不待公命也，方下樑時，如有物擊我手，不得動，方知公神人，某惡貫滿矣。」自反接，銜匕首以獻。公曰：「國法有市曹在。」呼左右，飲以酒，縛至射棚下，許免其妻子。遲明獄吏報失盜，人情洶洶，司府縣相賀者轉而相尤，趨轅將跪謝告實。而公已命中軍將魚殼斬決西市。

第四卷

左文襄軼事

左文襄公，天資豪爽，圭角畢張，一切睥睨視之。治軍新疆，延命所諭，輒以為不是，必加駁辨，詆軍機為無才。文文忠勸上召左入贊甚力。左既入樞垣，凡事必不以為然，及請旨俞允後，左又無言。始知天下事之難，固不能盡如一、二人意。又左嘗輕視大臣蹴踖鞠躬者，以為天威不若是之可畏。初入京召見畢，退謂人曰：「吾今而後知天威咫尺之森肅矣。」於是始不敢為大言。

文襄剛毅強果，已屆耆年，精力不衰，雖日歷兵間疾苦，未嘗以況瘁形於顏色。邊塞苦寒，雪壓行帳，擁絮著緇，據白木案，手披圖籍，口受方略，自朝至夕，不遑暇食。軍事旁午，官書山積，日必次第治理。遇將士不尚權術，惟以誠信相感孚，貪夫悍卒，一經駕馭，罔不帖然。副將某在麾下，頗能用命，後至江西，未久即伏法。公曰：「若始終屬我，何至亡其首領？」公雅喜自負，與友人書，恒末署老亮，以諸葛自況。砥礪剛介之操，老而益力。

劉忠誠與連文衡軼事

劉坤一之三下江南也，西太后之意，初不屬之。時當國者為榮祿，榮不學無術，詔令批摺，一切委連文衡。連本軍機處幫領班章京，小有才，又善諛媚，以此得榮歡。劉坤一欲回任兩江，不得不奔走榮門。榮門不可得而入，乃結納榮之幕友連章京。曾謁二次失值，不得已，求見連西席某，間接以適於榮。西席某黠甚，比連歸，某言劉來謁狀，而不言其他，連亦略頷之。翌日，西席某探連今日所辦之事，連大言曰：「榮相奏請，以劉坤一回任，竟得俞允，餘無他事。」翌日，劉又來，西席某向劉賀云：「事已諧矣。」翌日，清諭出，劉又來，並挾白金二萬兩之券，袖交西席某手云：「乞為連君壽。」西席某竟以金入囊，而緘其口。比請訓出，照例拜客，劉與連始覿面，連未道謝前貺，劉亦未便明言。又疑連藐二萬，翌日又餽送白金二萬，仍以券交西席某手。西席某又蝕金一萬，僅回連云：「劉某今送萬金來。」連遂援十成提二成例，以二千金酬西席某勞，已得八千金，而不知已為西席某所賣。越半月，西席某忽借他故辭館，竟懷挾三萬二千金去。

比庚子拳禍，政府縱匪殃民，五月清載漪偽諭有云：「與其苟且圖存，同歸於盡，曷若大張撻伐，以決雌雄，彼恃戰力，我恃人心。」一時傳誦，而不知禍我東南赤子，皆此數語釀成之，而連文衡與有力焉。連以庇拳故，為外人所指索，必欲痛懲之。榮祿知連不可留京，遂外放江西某府知府，連亦竭力設詞解免，而外人率持不可。適劉坤一督兩江，連以屬吏禮參謁，私冀劉不忘前惠，或為怙惡。劉以連罪通天，外人尤不可掩飾。連疑劉負義不為力，遂自訴生平未敢妄取一錢，而為人謀則無不忠，何以今日患難，人竟不我援手？語侵劉，劉曰：「余前以二萬金餽君，君猶以為未足，必欲再得余二萬金乃饜。君曰：『不妄取一錢』毋乃自戾其說乎？」連聞堂，瞠目不解所謂。劉反覆詳述當日種種情狀，連如夢初覺，自悔墮入西席某彀中，然已無及矣。

丁汝昌

北洋海軍提督丁汝昌，當甲午之役，與日本海戰，全軍盡沒，至於艦隊亦降，以一死代全艦官兵之命。其志極可哀，而無損於軍人之名譽。日本人以丁之手書公牘，用銅片印成一冊，大鳥圭介為之跋語，極稱道其為人。東西洋學者，研究丁之行為，謂有倫理學上之價值。而當時統將有道員戴某，則實臨陣退縮，邂逅為敵所斃，而濫廁忠義之林，清朝為之賜恤。是非賞罰之不明，未有甚於清之季世者。即張佩綸馬尾之役，見敵不走，氣象偉異，自王壬秋、林琴南輩，均鳴其冤，而言者至今不已。故法越、中日諸戰役之真是非，久莫能明矣。

胡文忠之風流

陶文毅督兩江，嚴禁僚屬冶游。時胡潤之亦在文毅幕中，僚屬之冶游者，皆借潤之為名，而文毅則獨責諸僚幕，而不責潤之也。曰：「潤之他日為國勤勞，將無暇晷以行樂，今之所為，蓋預償其後之勞也。」已而潤之果勤勞國事至死矣。觀此則以文毅之嚴正，而獨能恕潤之。以潤之之跌宕風流，而一操事權，則頓改前態，刻苦勵行，英雄之所為，固迥異尋常人矣。

沈子敦先生傳略

先生名家本，浙江吳興人。髫年畢群經，於周官尤多神悟。後閱郎氏《周官古文奇字》一篇，知多舛誤，銳意糾正，成《周官書名考古》一卷。咸豐己未，其父某由御史出守黔中，時苗氣正惡，道路艱阻，黔垣戒嚴，先生間關省父，屢瀕於危。庚子客遊閩嶠，居潘方伯蔚署中，得觀閩本《四庫書纂跋後》一卷。同治甲子，援例以郎中分刑部，肆力於經學、小學及掌故考據。都下得書易，精心玩索，故所纂述，以是時為最多。光緒癸未成進士，補官後充主稿，兼秋審處，自此遂專心於法律之學。纂有《讀律校勘記》五卷，《秋讞須知》十卷，輯有《列案匯覽》

一百卷，《刺字集》二卷。復病近人治律之陋，及搜討典籍，考訂漢、晉、唐、宋歷代律令，期成一家之學。癸巳後歷守天津、保定，公餘纂述，曾不少輟。癸卯秋開館修訂法律，綿歷十載。日延接中、外法家，研究各國法律，窮其堂奧。先後訂成民律、刑律、商律、民刑訴訟律及其他附屬法，共數十種。稿本盈屋，每本眉批簽注，動累萬字，同館少年皆歎服。創辦法律學校，育才逾千人。其有異者，獎成倍切。教習學員有所質疑，為文以答，娓娓千言。少暇仍事著述，纂有《歷代刑法考》若干卷，《歷代刑官考》二卷，《奇簃文存》二卷，又二編二卷。

平日除從公外，即靜坐室中，手一卷，漏深燈炧，了無倦容。庚戌秋兼任資政院副議長，值法律館纂訂各稿將告成，日與館員逐條細究，議院事又需兼顧，四閱月終會期。除循例休息，無一日缺席。任刑部侍郎最久。及丙午修官制，改大理院正卿，旋調任法部侍郎，薦升法部大臣。清廷遜位，先生乞病。遜位詔未副署，先期請假。及改為法部正首領，並未到署。杜門謝客，一意著書。項城以司法部長商請，先生作書婉謝之。項城謂此係南京政府之意，如不列名單內，恐失人望。乃於寄去閣員名單內，列先生名，而注明以病堅辭，此第一次內閣事也。第二次組織內閣，項城復請其出任司法，先生乃薦章宗祥自代，參議院未通過。歿年七十四歲，臨歿前四日，尚伏案著書，前十日尚寫日記。好學不倦，敬愛文士，布衣蔬食，除購書外，別無他好。近兩年中杜門謝客，董理舊作，編定《枕碧樓詩稿》六卷，《枕碧樓偶存稿》八卷，《日南隨筆》八卷，《日南讀書記》十八卷，《說文引經異同考》八卷，《文選注引書目》若干卷，《三國志瑣言》四卷，《三國志校勘記》八卷，《古書目》三卷，又刊《沈碧樓叢書》十二種親自校勘，皆梓行。

郭嵩燾

郭嵩燾嘗奉使泰西，頗知彼中風土，以新學家自命。還朝後，緣事請假，返湘中原籍。時內河輪船猶未通行，郭乘小輪回湘。湘人見而大譁，謂郭沾染洋人習氣，大集明倫堂，聲罪致討，並焚其輪。郭噤不敢問。觀此可見當時內地風氣未開之怪象也。

彭剛直軼事

彭剛直公，剛直之名滿天下，然亦多情人也。未達時，悅其鄉女梅花，欲取之，未果而夭。嘗作梅花詩數章以志感，纏綿悱惻，固與剛直之性不類。此殆如宋廣平之賦梅花歟？洎乎暮年，持節長江，與瓜州鎮總兵吳家邦，江防統領王之春最昵。時鎮江有名妓，曰大喬、小喬，家邦納大喬，之春納小喬。皆獻大喬、小喬為彭剛直義女，過從甚密，尤寵愛小喬。之春因之獲膺上薦，官至安徽巡撫。此殆如東山暮年，賴絲竹陶寫歟？或以欲焉責之，則過矣。

彭剛直之剛直

彭剛直公剛介絕俗，然至性過人。幼而失怙，事母至孝，居貧奉養，先意承志。外祖母居懷寧，無子孫，公時恃傭書為活，歲不足衣食。以太夫人憂念艱難，跋涉往返五千里，迎至衡陽。太夫人得奉母終天年，所謂孝思不匱者也。鄒夫人以樸拙失姑愛，終身無房室之歡。自太夫人卒後，遂不相面。其弟某遊客秦豫，遭亂隔絕廿年。及公授安徽巡撫，見邸鈔，識其名，始間關至軍中相見，哭失聲。護愛甚篤，與共寢食。而弟久客州縣，服藥煙成癮。公軍中猶嚴禁煙，以情告，公大怒，立予杖四十，斥出之曰：「不斷煙癮，死無相見。」弟慼愧自恨，臥三日夜瀕死，竟絕不更服，復為兄弟如初。以其習商業，令行鹽，致貲巨萬，公一無所取。弟亦豪邁揮霍，恤貧篤義，鄉人流落江淮者，悉收恤資之，歲散數金，亦先卒。遺妾女與公子婦同居，以孤孫見綏。

後之公自領內湖水軍，及後總全軍，軍餉無所出，不以煩公家，前後惟領銀十七萬兩作鹽本。軍餉外所應得公費，悉出以佐義舉。凡出資助本縣學田銀二千，賓興費銀二千，育嬰公費二千，修縣誌書獨供筆札刻資銀五千，獨建船山書院銀萬二千，衡清試館銀一萬兩。其濂溪墓、昭忠祠、京師及各直省湖南衡永會館，凡募助公舉者，動以千計。所部有功者，凱撤時及疾篤時，均舉贈各萬金，凡費銀十萬兩。族中老者，歲有餽，以計丁口遍資給之，凡數萬金。計其兄弟所散財幾滿百萬，而當軸要人，無一字之問，十金之遺，以孤潔無援自喜。

至於對於朋友，協和群帥，煦煦恂恂，未嘗有傾軋驕倨之心。五十以前，有氣陵之者，必勝之而後已。其後望重年耆，人皆推敬，亦深自斂抑。誘接文士，尤能折節。素工畫法，蘭入妙品，而尤喜畫梅，全樹滿花。所至輒奮筆潑墨，海內傳者過萬本，藏於篋者，一牛車不能載。尤惡浮華，厭絕餽遺。治軍廣東時，民士恐餉不繼，共輦銀十七萬送軍中，謝不受。及歸，眾以金排萬人姓名，列二傘志感頌，其直萬金，悉諭令各還其主，且戒其奢焉。其繡字頌功者，送海幢寺中。治軍嚴肅，恒得法外意，所誅者必可以正民俗。

安慶候補副將胡開泰，召倡女飲，而使妻行酒，其妻不可，遂抽刀剖其腹。街巷詾詾，事聞院司，方聚議謀所以處。公適至，聞之曰：「此易耳。」遣召之來，但詢名姓居止，便令牽出斬之，民大歡。湖北忠義前營營官總兵銜副將譚祖綸，誘劫其友張清勝妻，清勝訪之，陽留居密室，出偽券索償債。得遁去，訴營將，州縣皆為祖綸地，置不問，因訴於公。公先聞黃州漢陽道路藉藉，欲治之無端，得清勝詞，為移總督，先奏劾祖綸，且遣清勝赴武昌質之。詔公與總督即訊，祖綸令人微伺清勝於輪船，擠之溺水死，餌其妻父母及妻劉氏反其獄。忠義營統將方貴重用事，總督昌言誘姦無死罪，謀殺無據。公揣祖綸根據盤固，不可究詰。適總督監臨鄉闈，即驟至武昌，檄府司提祖綸至行轅，親訊。忠義營軍傾營往觀，祖綸至，佯佯若無事。公數其情事，支離狡詐及謀殺蹤跡，祖綸伏罪，引令就岸上正軍法，一軍大驚，然已無所及。夾江及城上下觀者數萬人，歡叫稱快。故公之所至，老幼瞻迎。長江聞其名字肅然相戒，牧令輯其隸役曰：「彭宮保至矣。」非獨威聲使然，所行事深感民心，庶乎不侮瘝寡者也。

書阿文成公遺事

文成公阿桂，滿洲正白旗人，其勳簿官閥生卒歲月，具載史籍。茲特錄遺事數則。方公之為定西將軍，剿金川酋索諾木也，已百戰抵其巢，索諾木震懾，業約別日盡室出，將其木城木柵悉為毀撤。是日晚，參贊以下謁公曰：「事機叵測，今日必生縛索諾木致帳下，方可安枕。」公不答，亦不待語竟，已入帳中臥，諸將弁待命不敢退，而公已鼻聲如雷，徹帳外矣。諸人者旁皇達旦，甫日出，索諾木已自縛，率諸酋跪帳外，公次第以屬吏，因進參贊以下告曰：「諸君昨日之語，蓋懼索諾木他竄，或畏罪先死耳。我已據扼要，竄將何之？渠若能死，又豈待今日哉？吾故以為不若高臥待旦日當自來也。」諸將弁諾諾。皆曰：「非某等所及。」

又木果木失事後，公代統大軍，一日，日欲昳，公忽率十數騎升高阜，覘賊屯紮處，不知阜數折已逼賊砦。賊望見，即率獷騎數百，環西南阜馳上，公顧從騎曰：「下馬。」復曰：「解衣。」一衣不足，復曰：「解裡衣。」解畢，曰：「衣悉寸寸裂。」急分走高阜，雜掛林木上，掛畢，曰：「無衣者悉束帶。」曰：「上馬。」曰：「向阜南緩轡下。」適賊騎已馳至，距向所立阜，僅二十步。時暝色已上，忽見岡缺處旗幟飄忽，絡繹不絕，疑援騎從山後至，勒馬不遽進。方遣騎四出覘伺，而公已率從騎回大營矣。公曰：「此兵機也，不爾則賊馬十倍於我，寧得脫耶？」

乾隆末年，和珅橫甚，公業知不能制，凡朝夕同入直，必離立十數步外。和珅知公意，故就公語。公亦泛答之，然卒未嘗移立一步。公嘗病臥直廬，軍機章京管世銘入省之，公素所厚也。忽呼語曰：「我年八十，可死。位將相，恩遇無比，可死。子若孫皆已佐部務，無所不足，可死。忍死以待者，實欲俟皇上親政。犬馬之意，得一上達，如是死。乃不恨。」然竟不果。

洪亮吉登第日，公為讀卷官，擬第一進呈。洪素不習書，獨公賞之。嘗謂刑部郎孫星衍曰：「人皆以洪編修試策該博，不知字亦過人，余首拔之者，取其無一毫館閣體耳。」

書裘文達遺事

裘文達公名曰修，江西新建人。公賜宅在內城石虎胡同，購一軒名「好春」，退直所憩。賓客門下士往來者，於閽人悉不關白，徑入此軒。若已退直，則公必坐軒左右，若待客矣。一日值歲小除，諸人咸詣軒與公餞歲，忽司閽者至公側耳語，公大笑曰：「戶部堂官歲盡分飯食銀兩，亦不可告人耶？」即呼挈一囊至，瀉出之，皆庫貯大錠，兩五十。公數坐中客若干，令各懷其一曰：「諸君年事大窘，聊以分潤耳。」數不足，覆命入取之，遍給乃止。公食指既廣，又賓客常滿坐，值窘乏，亦時時斷炊。一日過午，尚未具食。坐客有慍者，公覘知之，即出語曰：「諸君他日皆飫天廚頒尚食之人，豈矜矜於裘某之一餐乎？且主人亦尚未食，不獨客也。」客意乃解。

乾隆帝眷公，時得召見，公奏事畢，則必言各衙門人才，曰：某人勤，某人幹事，某人擅文筆。是以公在部及掌院日，翰林諸曹司遷轉最速，由公推轂勤也。時公房師大學士蔣文恪公溥亦極愛士，肯為寒素地，有揭薦牘來者，悉館門下，未尚拒一人。其掌書記者，即公所引入。一日，公入朝遇文恪公，公曰：「有一孝廉在都候選，所學極優，師留之乎？」文恪唯唯。公知文恪性闊達，賓客多寡，皆不甚措意。明日遣一僕徑送孝廉入文恪邸第，屬僕曰：「第送詣某書記廳，云昨已面語相公，相公屬留客耳。」僕致公命出，書記某即挈孝廉巡歷廳事側兩廊，見屋比櫛，悉客館。內一室，門獨啟，遂徑入，見榻上亦有臥具。遽命僕撤出，貯廳事中，語孝廉曰：

「君行李至，即安置此，但出必須鍵戶，慎勿啟也。又一要語相屬，君雖館此，實無一事，不妨日出遊行，然必須飯畢始出。日兩飯，亦無邀客者，但聞長廊口有高喚者曰：『飯具矣。』即速詣廳事食，遲則不及。」孝廉遵其約，每日飯畢，即鍵戶出遊。約計復當飯，則又歸。歲值五日中秋日，及歲盡前數日，即有老僕從三、四輩挾巨囊至。遍入客館，見一臥榻，即置朱提一封，標其函曰歲脩，為數五十。若旁有臥榻，則貯一小封，為數四，以犒從者。孝廉居文恪邸二年，選湖北一縣令始去。在邸日，未嘗一為事，亦未嘗一面文恪，蓋疏節闊目如此，然無礙其為太平宰相也。

裘文達長於行軍治水

乾隆二十一年，清王師征伊犁，公面奏軍務機宜，乾隆帝大悅，以其才似舒文襄，即賜御衣冠，乘傳至巴里坤，傳宣聖意。會逆酋莽阿里克遣其弟詭稱押送諸番，探信卡倫。公與哈密鎮臣祖雲龍縛畀總督，發其奸。哈密兵少，有赴巴里坤種地者七百人，公請暫留為衛，撥沙洲五衛麥石添備支放。其剩餘者，公散各塘路站平糶之，上皆獎許。公以一書生冒矢石行萬里外，與陝甘督撫滿洲諸將軍計議機密，而能下協邊情，上符睿算，近代儒臣，所未有也。公聽視機警，受大任舉重若輕。上愛其才敏，倚若股肱，凡有事於四方，與大學士劉文正公先後奔走，前命未復，後命又至。半途回車，揭揭東西，雖侍內庭領六部，而英蕩款關，足跡常遍天下。公所讞決，無苛嚴，亦無縱捨。

尤善治水，常奏治水當先審其受病之由，再論治病之法。就一縣一府而言，病有其處，合一省而言則不然。就一省言，病有其處，合數省而言，又不然。若僅於一處受病處治之，而下流之去路未清，則為患滋甚。上深然之。所治黃、淮、肥、濟、伊、洛、沁、汜等共九十三河，疏排濬淪，貫穿原委，俱有成效，可為後法。凡遇政事諸大臣或探聖意，噤齡不前，而公獨抗聲有犯無隱。上鑒其誠，雖忤旨時加嚴訓，不逾時恩禮如初，亦與舒文襄公相似。年六十二，病噎。上賦詩存問，醫藥不絕於道，加太子少傅。薨時，賜謚文，入賢良祠。

裘文達公課子之嚴

裘文達公充磨勘大臣時，某省士子用社稷鎮公子，眾以為應議，公心知非杜撰，而一時忘其出處。歸第問公子麟，對以句出《國語》，後於《左傳》檢得之，遂長跪受責。時公子已官編修矣。公課子之嚴，待士之寬，一舉而兩善備焉。

湯司空逸事

　　睢州湯文正公，自翰林出為監司，年四十，從孫徵君講學夏峰，質行著河漳。其治績，吳淞十郡兒童婦女，皆耳熟焉。立朝之節，同時士大夫多知之。惟受特知於聖祖，而卒困於僉壬，其致怨之由，相構之跡，雖門人子弟，或不能詳也。公巡撫江蘇時，執政明珠有家隸言事多效，公卿震懾，所至大府常郊迎。過蘇，畏公威聲，弗敢謁。自監司以下，朝夕候其門。公聞使召之，將命者用故事以客禮請，從騎數十至轅門，顧謂左右，主人出迎何遲也？久之，辟大門傳呼，大驚窘迫，脫廝輿服被之，入至階下，見公南面坐，乃跪而聽命。公曰：「汝主與吾同朝，聞汝來，故以酒飲犒汝。」命門卒為主人，其人慚沮，即日去蘇，歸訴之，謀致難於公。而公聲績甚焯，上方嚮公，念公在外無從得事端。會東宮出閣讀書，乃為上言，湯某以理學為時所崇，輔教太子，非某不稱。上然之，遂以詹事徵。公之內召也，比郡士民，爭以農器什物塞水陸，道不可行。公示諭：「吾在外，不能為父老德，往者屢請核減浮糧，並為廷議阻，今入見天子，且面陳之。」余相國國柱者，執政私人也，得此以告曰：「曩議皆上所可也。善則歸君，過則歸己。而市於眾以為名，使上知此立蹷矣。」比公至，語已上聞，而公未之知。進講東宮，首《大學》「財聚民散」數則，畢講，東宮入侍。上問所肄，具以聞。上曰：「此列國分疆時語也，若海內一統，民散將安之？」試詢之，公具陳秦隋土崩狀，且言一統而民散，禍更烈於分國時。

會靈台郎董漢臣上書，指斥時事及執政大臣，下內閣九卿廷議，執政惶悚，不知所為。議與同列囚服待罪。王相國熙繼至，貌甚暇，徐曰：「市兒妄語，立斬之則事畢矣。」執政曰：「上閱奏至再三，親點次，類嘉與之，奈何君言若是？」王笑曰：「第以吾言入，視何如？」時公為宗伯，最後至，余相國述兩議以決於公，公曰：「彼言雖妄，然無死法，大臣不言，故小臣言之。吾輩當自省。」國柱曰：「此論可上聞乎？」公曰：「上見問，固當以此對。」執政入奏，國柱尾其後，而與之語。命下，董漢臣免議。自是上滋不悅公。戊辰，余國柱宣言，上將籍公內府，為旗人表率。時公以興作度材於通州，某月某日日下晡，忽返，招鄉人某官與語，客退，獨坐一室。向晦語家人，吾腹不寧，夜半遂歿。既歿逾月，上與諸大臣語曰：「吾遇湯某特厚，而怨訕不休，何也？」眾曰：「無之。」上曰：「廷議董漢臣，彼昌言朝無善政，君多失德，大臣不言之，故小臣言之，尚不為怨訕乎？」眾乃知公為執政及國柱所傾也。

劉文正公塞陽橋決口

劉文正公臨事雖頗剛急，然實有釐剔奸弊，人受其福而不知者。乾隆辛巳歲，河決陽橋，公奉命往塞決口，時奪流者數百丈。埽工薪木，皆數百里內村民車載而來，縣丞某掌收料物，欲藉以營利，留難百端，有五、六日不得交納者。人馬守候，芻糧皆告竭。公一日易服微行，見薪車千百輛環列河干，私問之，得其故，乃大怒。至公館，亟請巡撫奉王命旗牌至，使伍伯縛縣丞來，欲先斬然後入奏。巡撫及司道以下，為之長跪良久，始釋。而數千輛料物一日盡收，民皆驅車返矣。此雖細事，亦可見公察弊利民之一端也。

來文端善相馬

乾隆時大學士來文端公保善相馬，聞嘶即能辨其優劣。嘗路見負煤老驥，以重價購之，滌以入貢。上因文端夙有伯樂之稱，命蓄以上駟。會降酋阿睦爾撒納來朝，上臨灤陽萬樹園，阿酋素以騎射著名，上欲覘其技，輒以無馬辭。侍臣出戈什哈馬示之，絕不當意。文端令圉人牽所貢之負煤老驥，使之乘，甫振轡而墜，三試皆然。阿酋大慚，尚未之異也。殆阿酋叛，大為西陲邊患，侍臣有憶萬樹園馳射時事，以良馬先知其叛逆，故怒擲之，請加三品俸料焉。文端之目力，又出伯樂上矣。

湯文正之清廉

湯文正公斌，撫吳蒞任時，夫人公子皆布衣，行李蕭然如寒士，日給惟菜韭。公一日閱簿，見某日市隻雞，愕問曰：「吾至此，未嘗食雞，誰市此者？」僕以公子對。公怒，立召公子責之曰：「汝謂蘇州雞賤於河南耶？汝思啖雞，便可歸去，世無有士不能咬菜根，而能作百事者。」並笞其僕而遣之。又公撫吳時，有司報湖蕩有蓮芡，公駁還，吏固以例請，公曰：「例自人作，寬一分則民受一分之惠，且蓮芡或不歲熟，一報部，即為永額，欲去之得乎？」常熟某氏奴，訐告其主。國初時得隆武偽札，迫主遠遁，欲據其主母，公曰：「國家屢更大赦，此草昧事，何足問？而逆奴乃以訐其主乎？」焚其札，斃奴於杖，中外快之。近時頗有人詆文正諸人為偽學者，使士大夫人人能如湯之潔己奉公，又何致天下事不可收拾哉？

戴簡恪軼事

戴簡恪公敦元，官刑部尚書。一日大雪，公著雨罩，手抱文書，步至街衢，呼驢車乘之，御者不知公為誰也。及至署，隸役呵殿而入。公下車去雨罩帽，露珊瑚頂，御者大驚，將棄車而逃，公強留與之錢而去，都中謂之「驢車尚書」。卒之日，鄉人往視之，敝衣露肘，布衾一襲，其儉德為不可及云。

張文達之愛士

庚子回鑾後，惟京師學事辦理差強人意。先是京師本有大學堂，庚子之亂，生徒星散，至是長沙張百熙被命管學。公夙負學界重望，苦心孤詣，銳意興學。禮聘桐城吳摯甫先生為教長，陽湖張鶴齡副之，網羅一時名流殆盡。開師範、仕學、譯學、醫學四館，繼又開進士館，豫備科。自是五方秀士，鱗集橫塾，文學彬彬振朝野矣。文達後因清廷疑忌，不得展其懷抱，乃辭學務一切差使，改任郵傳部尚書。與侍郎唐紹儀因用人事不相能，遂鬱鬱一病不起。張為人宏達愛士，能容納眾流。沒後士林爭悼惜之。如臯冒廣生輓以聯云：「愛好似王阮亭，微聞遺疏陳情，動天上九重顏色；憐才若龔芝麓，為數攬衣雪涕，有階前八百孤寒。」蓋紀實也。論者謂文達離學務而任郵傳，本非素願。推文達之心，始終不能忘情於苦心締創之全國學務耳。

余誠格之好謔

余誠格補湖南巡撫，到任未逾月而武昌起義，黎元洪為鄂軍都督。譚組安方自京歸，進謁誠格，誠格即拱稱大都督。蓋逆知湖南響應，譚為人望所歸，必推譚為都督也。九月一日，倉卒起事，誠格挈其老父遁出，家財多有遺失。焦循又懸賞千金購其頭。誠格逃至安慶，始請朱家寶代奏，既乃之滬居焉。與書延闓，大意謂：我到湘月餘，自問無開罪湘人之處，家中財物，均多遺失，民軍舉動，固應如是乎？又言：湖南財政極為困難，龍念仙身當其局，以今視昔，抑又何如？緘面大書中華民國湘軍都督翰林院譚大人云云。延闓登一廣告於《長沙日報》云：余壽屏君鑒：財物悉封存府中，毫無遺失，請派妥員來領。湘都督譚延闓白。

記立山聯元

養心殿者，前清御朝之所也。嚴冬窗破，北風吹面，景帝不能自支，因語立山，以紙糊之。時立山方有寵於那拉后，憫景帝苦寒，遂不請諸那拉后，糊之以紙。明日那拉后大怒，召景帝切責曰：「祖宗起漠北，冒苦寒立國，汝乃聽朝而畏風耶？」午後召立山，批其頰，禍且不測。李蓮英素厚立山，即大呼曰：「立山滾出。」立山悟，因仰跌地上，果翻轉數四，直出簾外，那拉后為之莞然。

庚子拳匪禍作，浙西三君以抗拳駢戮，而滿洲聯元、立山繼之。聯元本崇綺門下士，向亦空談性理。其婿壽伯福與言歐美治術，始漸開通。拳事起，聯官內閣學士，抗疏劾拳。捧章至東華門，遇崇綺於途，具道所以。崇厲聲曰：「君滿人，亦效漢兒賣國耶？」聯不顧，拂衣而入。少頃崇入對，嚴劾聯，奉旨著步軍統領衙門拿捕正法。方聯之就刑也，忽有數騎自順治門衝出，逕赴菜市，其一騎馬足縛一人，拖曳數里，面目皆損敗不可辨，蓋即立山也。立山內務府旗籍，漢姓楊，為內府堂郎中二十餘年。饒於財，性豪侈，凡菊部名伶，北里歌伎有聲譽者，皆為之脫籍。有妓綠柔者，名噪都下，立山與鎮國公載瀾同昵之。瀾雖公爵，然處閒散，絀於財，以故綠柔恒善立山而絀載瀾，瀾大恨之。至是拳變作，適立山有請毋攻使館之奏。瀾即矯朝命縛赴市曹，哲婦傾城，亦可畏哉！然立山之死，門客星散，獨所善伶人十三旦往收其屍，經紀其喪事。彼雖伶也，愧士大夫多矣。但不知種禍之綠柔君，能如綠珠之墜樓否？

朱文端公救舒文襄

乾隆乙亥，阿酋既投誠。舒文襄公赫德時任定邊將軍，請將其家屬分置蘇尼特等近地，以為羈質。純皇帝大怒，謂其分散骨肉，有傷遠人之心，命近侍封刀斬之。朱文端公聞命，排扉而入，請召對，力言人才難得，舒某雖一時過慮，然平日辦事勤慎，請援議能之典。上曰：「命已下逾日，恐難追轉。」公奏曰：「即命臣子成麟追之。」上可其請。公出謂其子曰：「追不及，汝勿返也。」成麟故勇往，即於馬前割袍前襟，馳騎而往，甫至潼關，卒追前命而歸。時傅文忠公告人曰：「朱公誠仁者之勇。」是日雖恒百輩，終無濟於事也。

盛司寇之持正

盛司寇安滿洲人，以科第薦至卿貳。欣然嶽立，鬚眉蒼然，以古大臣自命。戊辰春，孝賢純皇后崩，時有周中丞學健，瑟制府爾臣等以違制剃髮伏誅。有錦州守金文淳者，稟命於府尹，然後剃髮。事發，純皇震怒，命立誅之。公叩首請曰：「金小臣罔識國制，且請命大僚，然後剃髮，情可矜恕，請上寬之。」上怒曰：「汝為金某遊說耶？」公曰：「臣為司寇，盡職而已，並不識金某為若何人。如枉法干君，何以為天下平也。」上大怒，命侍衛反接公赴市曹，與金文淳同置於法。公施然長笑，惟曰：「臣負朝廷之恩而已。」後上悔悟，命近臣馳騎並金赦之。公施然叩謝如常時。市曹萬目共睹曰：「此真司寇也。」次日，上即命公入上書房，傳導諸皇子曰：「盛安尚不畏朕，況諸皇子乎！」真師保之妙選也。

洪承疇有功漢族

周同谷《霜猿集》：「松山戰骨未全枯，再建功名佩虎符。終是風沙容易老，白頭南渡又南都。」此諷洪承疇之背明歸清也。洪功成歸里，稱觴林下，坐客如雲，乃有朗誦烈皇帝祭文，以代祝嘏之詞者，此其雋快，不在漁陽三弄之下。當遼陽兵敗，洪氏生降之日，微特宮廷不知，亦舉朝所不敢信者也。及江南克捷，洪以內院大臣出撫江寧，始知其尚在人間。石齋起義，事敗，逮至江寧。見洪，佯責之曰：「若豈洪承疇耶？洪大將軍為國捐軀，天子且賜祭九壇矣。若等從北方來，獨不見穹然道左之御碑，而今冒其名耶？」是時洪汗簌簌下，不能仰視。考洪以萬曆丙辰釋褐。時滿洲天命帝方有眾一旅，崛強於三韓以北，蛟龍初起，而佐命元勳，偏在南朝。當滿漢一家之日，洪承疇密室造請，竟建以漢人養旗人，不令旗人營生計之策。從此滿漢分居，漢人得安其農工商賈之業，二百七十年來，免受其擾。雖出租稅以養之，猶有利焉。此則洪承疇之有功於漢族，抑若善於補過者也。馴至八旗之人，一物不知，仰恃漢人，猶嬰兒之於乳母。民軍一起，數月之間而亡其族矣，蓋彼早已亡於洪氏矣。

博爾奔察之詭諫

乾隆帝待臣下，極為嚴厲，然有時加以狎謔，以聯上下之情。有內大臣博爾奔察侍上最久，善嬉謔。辛未春，扈從南巡，至鎮江口，上放煙火，有被煙薰嗽者。博笑曰：「此乃素被黃煙所薰怕者，故望而生畏也。」時黃文襄公督責過嚴，故公寓言之。又有較射而弓落地者，上震怒，公在旁曰：「此皆因引見故，昨日射箭良多，以致臂痛不能引弓也。」上乃釋然。又上一日較射多不中，侯人皆畏懼，時修髯人至，公望而笑曰：「汪都統之弟至矣。」汪都統札爾故修髯如戟，上撫掌大笑。上嘗行窄巷，有步軍校積石為山於其廳側者，上望而問之，公驟馬奏此步兵花園也，上大笑。又上書「福」字，公立於側，上笑謂曰：「汝亦識此中佳否？」公應聲曰：「知之，上所書『福』字，黑且亮也。」上大笑，其譎諫皆若此者，亦東方朔、簡雍之流也。

李恭勤公逸事

清代名臣中其以貲郎進者，以李敏達公衛，李恭勤公世杰為最。敏達逸事，具詳於前。恭勤公貴州黔西州人，少入貲為江南某司巡檢。乾隆南巡，公司船跳木，時雨後泥滑，上登舟時，偶失足，公遽起扶之，督撫恐，縛公請命。上笑曰：「微員中有如此忠愛者。」命立擢知州。後官至四川、江南總督，以廉能稱職。乾隆帝屢欲以為閣臣。有尼之者，言公不由科目，例不可官內閣，乃中止。公督川時，蜀中自金川用兵以來，府庫空竭。又承福文襄王積奢侈後，徵調賦斂無藝，州郡皆疲敝。公設厲禁，凡府州縣無事不復入成都郡，即以公事來者，不過數日。不得畜音樂，侈宴會，不得飾輿馬衣服，朝珠之香楠犀碧，蟒服之刻絲顧繡者，皆有禁。公官總督數年，未嘗宴一客。成都將軍新蒞任，公思不為置酒則缺情，置酒則破禁，遂乘其家口抵任時，餽一蒸豚，一燒羊，使標下武弁婉告曰：「本欲屈入署，適聞眷屬至，謹以此佐家宴。」屬吏於布政使以下，亦未始具一飯。元日則先飭廚為畢羅十數斛，有下屬謁見，公遣人告曰：「知君等勞苦，盍餉以食？」遂設食餉之。畢，公然後出坐堂皇受禮畢，即令府廳州縣等遞謁司道府廳禮。畢，告曰：「元日俗例上司屬員雖不接見，亦必肩輿到門，道有遠近，必日昃始歸，徒苦慊從無益也。況若曹亦有父母妻子，歲首例得給假，諸君何不早歸，令若曹亦放假半日乎！」屬員皆應曰：「諾。」於是元日虛文始革。其風趣也如此。及督兩江時，福文襄王征臺灣，檄調各督撫府庫餉銀，他人無不應命，惟公力持不與，曰：「不見部文徵撥，誓不敢發此餉，有虧朝廷之府庫也。」一福亦無如之何。其嚴厲又如此。

方望溪記姜西溟遺言

余為童子，聞海內治古文者數人，而慈溪姜西溟其一焉。壬申至京師，西溟不介而過余，總其文屑討論，曰：「惟子知此。吾自度尚有不止於是者，以溺於科舉之學，東西奔迫，不能盡其才，今悔而無及也。」時西溟長余以倍而又過焉，而交余若儕輩。其後丙子同客天津，將別之前夕，撫余背而歎曰：「吾老矣！會見不可以期，吾自少常恐為文苑傳中人，而蹉跎至今。子他日誌吾墓，可錄者獨三事耳：吾始至京師，明氏之子成德，延至其家，甚忠敬。一日進曰：『吾父信我不若信吾家某人，先生一與為禮，所欲無不可得者。』吾怒而斥曰：『始吾以子為佳公子，今得子矣。』即日捲書裝遂與絕。崑山徐司冠健庵，吾故交也。能進退天下士，平生故人，並退就弟子之例，獨吾與為兄弟稱。其子某作樓成，飲吾以落之。曰：『家君云：名此必海內第一流。故以屬先生。』吾笑曰：『是東鄉，可名東樓。』健庵聞而憾焉。常熟翁司寇寶林，亦吾故交也。每乞吾文，曰：『吾名不見子集中，是吾恨也。』及翁以攻湯司空斌，驟遷據其位，吾發憤為文，謂：「古者輔教太子有太傅、少傅之官，太傅審父子君臣之道以示之，少傅奉太子以觀太傅之德行，而審諭之。今詹事有正貳，即古太傅、少傅之遺也。翁君之貳詹事，其正實惟睢州湯公，公治身當官立朝，斬然有法度，吾知翁君必能審諭湯公之德行，以導太子矣。』翁見之憮然長跽而謝曰：『某知罪矣，然願子勿出也。』吾越日刊而布之，翁用此相操尤急，此吾所以困至今也。」

時西溟年七十餘，始舉於京兆。又逾年成進士，適翁去位。長洲韓公菼薦於上，得上甲，己卯主順天鄉試，以目昏不能視，為同官所欺，掛吏議，遂發憤死刑部獄中。西溟之治古文也，其名不若同時數子之盛，而氣體之雅正實過之，至不能盡其才，則所自知者審矣。平生以列《文苑傳》為恐，而末路乃重負污累，然罪由他人，人皆諒焉。而發憤以死，亦可謂隘狷而知恥者矣。西溟之死也，其家人未嘗以志銘屬余，而余困躓流離，與其家不通問者，計數已十有九年。姑傳其語，俾眾白於其本志之所蓄云。

岳鍾琪紀成斌冤獄

岳威信公佩撫大將軍印入覲時，命提督紀公成斌權其篆。會准夷入寇，擄馬駝萬餘，紀不時奏，乃為總督查郎阿所發，遂褫岳公爵，斬紀於營。然據當時遺聞，與清史所載，頗有出入，茲錄之以示此獄之真相也。岳之入朝也，紀以滿人強勁，因以駝馬命副參領查廩領卒萬人驅牧，廩性懦葸，畏邊地寒，因以馬駝付偏裨，以五十人放牧而已。率眾避寒山谷間，日置酒高會，挾娼妓以為樂。會夷入寇，偏裨報廩，廩笑曰：「鼠盜之輩，不久自散。」因按兵不往，及馬駝被擄，廩聞信乃先棄軍去。過曹總兵勷壘，呼曹救之。曹性卞急，因率兵往，為其所敗，單騎而奔。賴樊提督建率本標卒追之，轉戰七晝夜，始卻其敵。廩見紀公，皆委罪於曹勷。紀笑曰：「滿人之勇固如是耶？」將收縛斬之。會岳公至，紀告其故，岳公驚曰：「君今族矣，滿人為國舊人，黨類甚眾，吾儕漢臣，豈可與之相抗，以干其怒也？」因解廩縛，以善諭之。因皆委罪於曹，斬之以徇，而以捷聞，廩乃恨公次骨。會查郎阿巡邊，故廩戚也，廩因矯控岳公諸不法事，以及紀公掩敗為功諸狀。查故怒岳公，因誣實其言以聞。上大怒，斬紀公於營，置岳公於詔獄，而廩官固如故也。嗚呼！岳公之於清世宗，可謂盡忠竭力矣。因一卑賤滿人之蔑誣，乃使青蠅之讒，為禍若爾，漢人之盡忠清室者，當亦爽然若失矣。見禮親王《昭槤筆記》。至於柴大紀以福康安之嫉忌，張廣泗因訥親之牽率，皆以奇績而被極刑。其事具載清史，冤抑人多知之。非如楊天象、紀成斌二獄，百餘年來，雖績學之士，尚多據官書為信讞，則甚矣是非之失實矣！

端方之滑稽

端方之抵美也，船傍岸，即為人用汽車迎入三藩息旅館，美洲之大旅館。其門大都為旋葉，凡旅客出入，侍者必推動旋葉，以隨旅客之意。端方降汽車後，旅館侍者亦照例推動旋葉，以待端之入門。端進葉中後，忽見四葉同時推動，目眩頭暈，隨葉環轉二周，依舊旋至門外。端不敢甫入，搖手曰：「我不圖無錫人之江尖嘴上團團轉，今於外洋身臨之。」《秋星閣筆記》云：「端午橋小有才，充名士，好嘲弄人。猶憶有上海某中書者，發起一拒賭會，網羅名人不鮮，而尤企大力者為之作登高呼。時端正開府兩江，某中書趨謁節轅，痛陳賭害。端太息曰：『誠如君言，此花骨頭亦唐喪余不少，向者余亦嗜此，一行作吏，茲事廢矣。惟近日盛行麻雀牌，聞士大夫皆嗜之如性命，君亦能之乎？』某君曰：『中書向於各種賭經，均未入其藩籬，殊為門外漢也。』端曰：『我猶彷彿憶之，麻雀牌中，他牌均四，惟白板則五。』某君急辯曰：『大帥誤矣，白板亦四也。』端熟視某中書半晌。笑曰：『咦，足不亦個中人也，能正我之誤，大佳。』又周視在座諸僚曰：『君輩皆亦深知白板之數非五也。』語已大笑，端茶送客矣。」

端方好聯語嘲人

端午橋最好為聯語嘲人。其官工部時，同官有趙有倫者，京師富家兒也，目不識丁，以其舅張翼之援，入貲為郎，不數年，歷得要差，且充會典館纂修。嘗以千金購一妓歸，大婦妒甚，立驅之出，趙不得已，賃別舍居之，婦知其謀，乃靳趙自由出門，歸少宴。輒詬誶不已，趙甚苦之。一日，與端相遇於署中，端呼與語曰：菊曾（趙字），吾昨日偶作一聯一額，君試為吾評騭之。聯云：一味逞豪華，原來大力弓長，不僅人誇富有；千金買佳麗，除是明天弦斷，方教我去倫敦。額曰：大宋千古。趙極口稱讚不已，出遇人，猶為人述之，似自詡其通文者。人匿笑之，弗顧也。

靈石何潤夫乃瑩，庚子歲官副憲，以拳匪頭目革職。戊戌八股之復，何所奏也。何本庚辰庶常，散館改部，簽分工曹。夫人某氏，閫威甚厲，以何失翰林，怒甚。何長跪以謝，乃得釋。既入工部，贄百金往拜滿尚書某為師，某嫌其菲也，怒斥之。端為撰一聯曰：百兩送朱提，狗尾乞憐，莫怪人嫌分潤少；三年成白頂（庶吉士七品金頂改部屬則六品須換白頂），蛾眉構釁，翻令我作丈夫難。額曰：何苦乃爾。又，「妻為翠喜乾姑嫂，兒是朱綸表弟兄」之聯，亦端所撰也。何故山右世家，而生平恥為晉人，常自詭為江蘇人，與人言，必操蘇語。一日在某處宴會，座有蘇某，就詢籍貫，何答曰：江蘇。某欣然曰：同鄉也。詢至蒲州楊編修天麟，楊慶聲曰：吾與何前輩同籍。某曰：然則亦同鄉也。楊搖手曰：不然。吾本老西，何前輩亦老西，渠不願居老西之名，故每冒貴省人耳，實則渠足跡未嘗至大江南也。何愧甚，面頸俱赬，然又無可置辯。亟匆匆上車遁去。

戊戌政變後，端亦極自危，賴進《勸善歌》得免，且獲擢陝臬。其事人人知之。端尚有一詩，亦詠此事。詩云：「誤矣公羊學，危哉死鹿音。側聞誅正卯，誰實縱僉壬。智識羞葵足，劬勞感棘心。朝廷故可改，寇盜漫相侵。」人稱其屬對之工，然音字去聲，孫蔭之通假字，詩作平聲用，不惟失黏且出韻矣。

端午橋死事始末記

清宣統三年辛亥四月，鐵路國有之旨下，起長白端方為候補侍郎，督辦川粵漢鐵路事。先是己酉秋，端由兩江總督調直隸，正慈禧太后梓宮奉安之日，於隆裕后行禮時，端之左右，有以攝影器攝行禮狀。后大怒，以大不敬褫端職，抵任甫百日也。至是以親貴及諸大臣薦遂起用，豈料禍機即伏於此邪？端既受命，於六月九日抵武昌，建行臺於平湖門外，勘路召匠，期於九月朔興工。而川人以川漢鐵路已奉先朝諭旨，歸商集貲承辦。川督王人文奏請收回成命，未允。川人大憤，全川罷市、罷學力爭，王人文去職。以趙爾豐繼其任，風潮愈熾。朝旨趣端方帶兵三百入川查辦，端指調鄂軍三十二標一營管帶董作泉（字海南，四川人，由鄂軍將弁學堂出身），令其選兵三百，護衛入川。作泉以川人辦川事，不便，力辭，端不允。遂於七月十九日由鄂乘楚裕兵輪起程，二十三日抵宜昌。時川亂愈不可收拾，因趙督妄捕川紳蒲殿俊等，幽繫一室，川民頂先皇牌泣跪轅門請釋，愈積愈伙，遣之不去。爾豐遽令開槍射擊，斷脰洞胸者，狼藉載道。於是川民益憤不可遏，附省州縣，聞耗奔赴省垣，不期而至者數萬人，圍攻省城甚亟。端方抵宜後，始悉顛末，逗留不進，思有以卸責。奏請另派明白大員往查，朝旨不准，且促其前進甚力。乃加派陸軍第十六協鄧成拔率三十一標曾廣大隨端入川靖亂。

端不得已，八月一日由宜旱道兼程前進，其他輜重及大隊由水道進行。八月十五抵萬縣，改乘蜀通上駛，十八日至涪州。接湖北電告革命軍敗露被捕情形，來電始半遽止。端向電局索其後段，云無，疑之。二十日抵重慶，接漢口電，武昌已獨立。二十一日漢口電不通，而沙市、宜昌仍通行如故。二十三以後，沙、宜電亦阻。北京往來之電，均經安南、雲南繞達。查參周、王、田路諸人，均係抵重慶後發生。端與趙之隙，由此構成。

重慶風潮，日加激，端在渝候鄂軍到齊。九月十五日由渝首途，二十二抵資州。時四川同志會布滿各屬。會有余大鴻者，奉趙爾豐命，東下辦理邊防。至資州，與端值。余與端誼本師生，因密語端云：「趙意如有朝廷一日，則以禮相待，如無朝廷，則以干戈相見。」端獲此消息，遂止而不前。十月一日，端乃親作長函，外附禮物多件，命其弟端錦暨文案夏壽田、譯員關平生、營務處董海南（是時董已交卸管帶職升授營務處）諸人，賫函物謁趙，以釋嫌怨。初三日抵南津驛，聞趙爾豐已與川紳定獨立條件，擇期宣布獨立。端、夏、關諸人聞成都獨立，去亦無益。初四日仍折回資州，惟董海南隻身赴成都省親。端、夏、關諸人返資後，時文案劉光漢為端畫策云：「周、田、王、路已參，則查辦川事，即已了結，可取道陝西，回京覆命。」端從之。

十月五日假資州城東湘園開軍官會議，提出取道陝西回京覆命條件，以付表決。三十一標軍官等否之。是夜鄂軍下級軍官及兵士開祕密會議，提出條件三：

（一）在資州先行獨立。

（二）將端方弟兄及反抗者，均處死刑。

（三）將以前軍官全行推倒，另舉臨時各級司令。

此議提出，眾皆贊成。曾廣大聞知前往阻止云：「諸君所議均可，惟端方兄弟一條，宜再酌，當知此次係政治革命，非種族革命。端方在鄂對我軍人提倡學校，擴張軍隊，不無微勞。我等害之，似覺不可。」眾不謂然，曾向眾哭求無效，始率管帶以上軍官，往行轅哭述，勸端逃避。端笑云：「死生二字，我視之甚輕，爾等眾公過於著急，有朝廷則有我身，朝廷既無，我身留之何益？事既不能挽回，任伊等施為便了。」眾聞失色，各退出。曾廣大等見事不可救，乘夜遁去。

初七晨，舉三十一標第一營督隊官陳正藩為鄂軍總司令。其餘各級軍官，均由兵士內推出。即以資州城內天上宮為司令部，陳當派隊將端方行轅包圍，將端弟兄捉至天上宮處以死刑。鄂軍由地方紳士擔任川資。初八日整隊回鄂，端弟兄首級攜以從行。

蔡乃煌氣死陳啟泰

當蔡乃煌任滬道時，陳啟泰適任蘇撫。蔡恃樞眷輕陳，陳不平。適因某事下札嚴詰，蔡怒，亦騰書醜詆，以陳吸鴉片，又嗜賭，故書中有「橫一榻之烏煙，叉八圈之麻雀」之語。陳益不堪，嚴章參劾，事下江督查辦，故事，督撫參劾司道無不查辦者，陳以樞府袒蔡，氣厥遂死，案亦漸消。當端方奉查辦命時，語幕府此事可作燈謎，打四書一句，幕僚不解所謂，端徐笑曰：「厄於陳蔡之間耳。」

Do歷史84　PC0738

清代史事軼聞

──《悔逸齋筆乘》與《名人軼事》合刊

原　　著／李岳瑞、佚名
主　　編／蔡登山
責任編輯／陳慈蓉
圖文排版／楊家齊
封面設計／葉力安

發 行 人／宋政坤
出　　版／獨立作家
地址：114 台北市內湖區瑞光路76巷65號1樓
電話：+886-2-2796-3638　傳真：+886-2-2796-1377
服務信箱：service@showwe.com.tw
印　　製／秀威資訊科技股份有限公司
http://www.showwe.com.tw
展售門市／國家書店【松江門市】
地址：104 台北市中山區松江路209號1樓
電話：+886-2-2518-0207　傳真：+886-2-2518-0778
網路訂購／秀威網路書店：https://store.showwe.tw
國家網路書店：https://www.govbooks.com.tw
法律顧問／毛國樑　律師
總 經 銷／時報文化出版企業股份有限公司
地址：333桃園縣龜山鄉萬壽路2段351號
電話：+886-2-2306-6842

出版日期／2018年5月　BOD一版　**定價**／300元

獨立作家
Independent Author
寫自己的故事，唱自己的歌

清代史事軼聞：《悔逸齋筆乘》與《名人軼事》合刊 / 李岳瑞, 佚名原著；蔡登山主編. -- 一版. -- 臺北市：獨立作家, 2018.05

面； 公分. -- (Do歷史；84)

BOD版

ISBN 978-986-95918-2-9(平裝)

1.清史 2.野史

627.04 107004789

國家圖書館出版品預行編目

讀者回函卡

感謝您購買本書，為提升服務品質，請填妥以下資料，將讀者回函卡直接寄回或傳真本公司，收到您的寶貴意見後，我們會收藏記錄及檢討，謝謝！
如您需要了解本公司最新出版書目、購書優惠或企劃活動，歡迎您上網查詢或下載相關資料：http:// www.showwe.com.tw

您購買的書名：________________________________

出生日期：________年________月________日

學歷：□高中（含）以下　□大專　□研究所（含）以上

職業：□製造業　□金融業　□資訊業　□軍警　□傳播業　□自由業
　　　□服務業　□公務員　□教職　□學生　□家管　□其它_____

購書地點：□網路書店　□實體書店　□書展　□郵購　□贈閱　□其他

您從何得知本書的消息？

□網路書店　□實體書店　□網路搜尋　□電子報　□書訊　□雜誌
□傳播媒體　□親友推薦　□網站推薦　□部落格　□其他__________

您對本書的評價：（請填代號　1.非常滿意　2.滿意　3.尚可　4.再改進）

封面設計____　版面編排____　內容____　文／譯筆____　價格____

讀完書後您覺得：

□很有收穫　□有收穫　□收穫不多　□沒收穫

對我們的建議：________________________________

____

____

____

請貼
郵票

11466
台北市內湖區瑞光路 76 巷 65 號 1 樓
獨立作家讀者服務部 收

（請沿線對折寄回，謝謝！）

姓　　名：＿＿＿＿＿＿＿＿ 年齡：＿＿＿＿ 性別：□女　□男

郵遞區號：□□□□□

地　　址：＿＿＿＿＿＿＿＿＿＿＿＿＿＿＿＿

聯絡電話：(日) ＿＿＿＿＿＿＿＿ (夜) ＿＿＿＿＿＿＿＿

E-mail：＿＿＿＿＿＿＿＿＿＿＿＿＿＿＿＿